채소, 달걀, 유제품, 해산물, 육류까지 풍성한 한 끼

하루 한 끼 저탄수화물
————

샐러드 식사

| 김지현 지음 |

유니온북

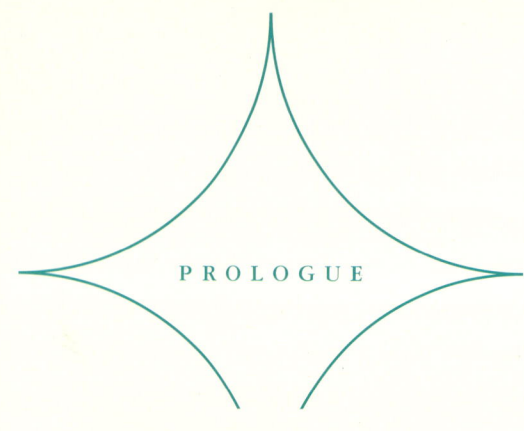

PROLOGUE

**건강한 식사 습관,
하루 한끼「저탄수화물 샐러드 식사」
하실래요?**

근래 들어 저는 매일 한 끼를 샐러드 식사로 실천하고 있어요. 좀 더 나아가서 하루 한 끼의 샐러드 식사를 루틴으로 만들어 아예 라이프스타일로 지향하려고 노력 중이에요.

제가 하루에 한 끼를 샐러드 식사로 바꾸게 된 계기가 있었어요. 건강한 음식을 만드는 일(키친콤마 대표)를 하는 저는, 막상 업무와 일상이 늘 분주하다 보니 어떤 날에는 아침을 챙겨 먹는 것조차 힘든 날도 있고, 점심 먹을 시간이 부족하면 대충 간단하게 김밥이나 라면 등으로 때우고 저녁은 바쁘고 힘들었던 하루의 보상으로 기름진 고기나 외식으로 해결하는 날이 많아지더라고요.

그런 생활들이 반복되다 보니 조금씩 체중이 늘어갔고 역류성 식도염으로 몸의 상태가 나빠지는 게 눈에 보일 정도였습니다.

이대로 계속되면 몸에 좋은 음식을 만드는 저의 음식에 대한 기본 철학이 무의미해진다는 생각이 들자 정신이 번쩍 들더군요. 건강한 음식을 만드는 마음을 일에만 적용하는 것이 아니라 내 몸의 건강을 위해 건강한 식습관을 가져보기로 마음먹고 그렇게 자연스럽게 샐러드 식사를 하게 되었어요.

이왕이면 맛있는 샐러드를 먹고 싶다는 생각에 다양한 채소·과일류와 건강한 곡물, 때로는 육류나 해산물, 유제품, 달걀 등을 이용한 다양한 레시피로 즐기고 있어요. 어떤 날에는 가벼운 식사를 하고 싶어서 채소나 과일로 산뜻하게 먹는 날도 있었고, 포만감을 느끼고 싶은 날에는 육류를 더해 먹기도 하였고, 감칠맛 나는 샐러드를 먹고 싶을 때는 해산물을 이용한 레시피로 즐기기도 하고요.

건강을 위해 하루 한 끼를 샐러드 식사로 하게 되니 다양한 채소를 먹게 되면서 자연스럽게 채식에 관해서도 관심이 가게 되었어요. 채식주의자는 아니지만, 자연스럽게 육류의 섭취 횟수도 줄어들게 되더라고요.

매일 하루 한 끼로 즐기는 샐러드 레시피를 모아 보니 제가 먹는 샐러드 식단이 비건을 지향하는 식단과 한 끗 차이가 아닐까 하는 생각이 들었어요. 저는 비건이 아니기에 당장 육류를 먹지 않는 것은 생각하기 힘들어요. 다만, 채식을 지향하는 식단이 채소와 과일, 건강한 곡물, 바다가 주는 식자재만으로도 충분히 맛있는 식사를 할 수 있다는 걸 말씀드리고 싶어요. 거기에 저당 음식 레시피를 개발하는 본업에 충실하여 저당 드레싱 레시피도 함께 소개하였으니 체중 조절 다이어트에 더욱 효과적이실 거예요.

「저탄수화물 샐러드 식사」는 다양한 제철 채소를 베이스로 제철 과일과 통곡물, 단백질이 가득한 해산물 또는 육류를 곁들여 취향껏 한 접시에 영양을 골고루 담아 먹을 수 있는 건강한 음식이에요. 질리지 않고 지속 가능하도록 쉬운 조리법으로 여러 가지 채소와 다양한 토핑 재료들을 활용해 맛있는 샐러드를 만드는 방법을 소개합니다. 주변에서 쉽게 구할 수 있고, 냉장고에 늘 구비되어 있는 재료들과 제철 식재료 등을 이용해서 만들기 쉬우면서도 뻔하지 않은 샐러드를 즐길 수 있을 거예요. 레시피의 재료들을 모두 갖추고 똑같이 만들지 않아도 괜찮아요. 기본 재료들을 베이스로 본인의 취향에 맞게 빼거나 더하여 나만의 샐러드 식사를 만들어 즐겨보세요.

「저탄수화물 샐러드 식사」가 독자 여러분의 몸과 마음에 작은 변화를 일으키게 되기를 바랍니다.

「키친콤마」대표 김지현 드림

CONTENTS

INTRO

하루 한 끼 저탄수화물 샐러드 식사를 해야 하는 이유 010

다양한 샐러드와 어울리는 밑반찬 같은 음식
토마토 마리네이드 026   썬드라이 토마토 028   당근 라페 030
바질 페스토 032   후무스 034

더 건강하고 날씬한 드레싱
두부 마요네즈 036   두유 마요네즈 038   올리브오일 마요네즈 040
두유 그릭 요거트(두유 플레인 요거트) 042

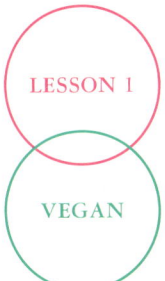

LESSON 1 / VEGAN

가볍게 먹고 싶은 날에, 영혼까지 클린 한 채식 샐러드
채소, 과일, 통곡물 | 비건

키위 샐러드 048
딸기 마리네이드 050
올리브 그린 샐러드 052
자몽 샐러드 054
오렌지 올리브 샐러드 056
석류 샐러드 058
망고 베리 샐러드 060
월도프 샐러드 062
알감자 호두 샐러드 064
미니 양배추 샐러드 066
구운 엔다이브 석류 샐러드 070
구운 감자 샐러드 074
구운 콜리 샐러드 076
구운 가지 샐러드 080
구운 뿌리채소 샐러드 084
연근 튀김 샐러드 086
병아리콩 콘 샐러드 088

코울슬로 샐러드 090
배추찜 샐러드 094
메밀국수 샐러드 096
바질 페스토 파스타 샐러드 098
쿠스쿠스 샐러드 100
렌틸콩 버섯 샐러드 104
퀴노아 무화과 샐러드 108
순두부 샐러드 110
면두부 샐러드 112

LESSON 2
LACTO-OVO

리치하게 먹고 싶은 날에, 부드럽고 풍성한 샐러드 한 끼

채소, 과일, 통곡물+달걀, 유제품 | 락토오보 베지테리언(달걀/유제품 섭취)

- 딸기 리코타치즈 샐러드 118
- 구운 바나나 샐러드 122
- 구운 치즈와 퀴노아 샐러드 124
- 구운 브리치즈 샐러드 128
- 블루베리 그릭 요거트 그래놀라 샐러드 130
- 믹스 베리 샐러드 132
- 오이와 귀리 샐러드 134
- 아보카도 샐러드 136
- 아스파라거스 수란 샐러드 138
- 구운 토마토 샐러드 142
- 달걀 아보카도 샐러드 144
- 감자 달걀 샐러드 148
- 복숭아 카프레제 150
- 청포도 부라타 샐러드 152
- 초당 옥수수 샐러드 154
- 무화과 샐러드 158
- 사과 시금치 샐러드 160
- 썬 드라이 토마토 샐러드 162
- 고구마 라페 샐러드 166
- 단호박 리코타 샐러드 168
- 렌틸콩 파스타 샐러드 172

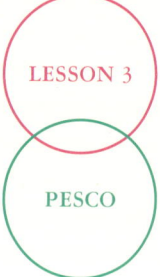

LESSON 3
PESCO

특별하게 먹고 싶은 날에, 감칠맛 나고 근사한 샐러드 한 끼

채소, 과일, 통곡물, 달걀, 유제품+해산물 | 페스코 베지테리언(달걀/유제품/해산물 섭취)

- 새우 파인애플 샐러드 178
- 새우 살사 샐러드 182
- 칠리 새우 샐러드 186
- 관자 샐러드 190
- 버터구이 오징어 샐러드 194
- 버터구이 생선 샐러드 198
- 피시 앤 칩스 샐러드 200
- 구운 고등어 샐러드 204
- 주키니면 해물 샐러드 208
- 해물 곤약 우동면 샐러드 212
- 렌틸콩 훈제 연어 샐러드 216
- 데리야키 연어 샐러드 218
- 연어 포케 샐러드 222
- 안초비 파스타 샐러드 226
- 얌운센 샐러드 230
- 문어 감자 샐러드 234
- 주꾸미 샐러드 236
- 참치 올리브 샐러드 238
- 꼬막무침 샐러드 242
- 곤약면 골뱅이 샐러드 244

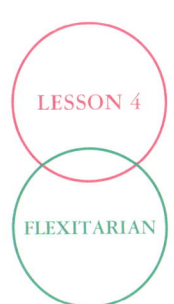

LESSON 4

FLEXITARIAN

포만감 있게 먹고 싶은 날에, 든든한 샐러드 한 끼

채소, 과일, 통곡물, 달걀, 유제품, 해산물+육류 | 플렉시테리언(때때로 육류 섭취)

닭가슴살 크랜베리 샐러드 248
콥 샐러드 252
치킨 데리야키 샐러드 256
줄기콩 귀리 닭가슴살 샐러드 260
타코 샐러드 264
매콤한 닭고기 샐러드 268
소시지 수란 샐러드 272

소시지 구이와 매쉬드 콜리 샐러드 276
루콜라 하몽 샐러드 280
루콜라 잠봉 샐러드 284
멜론 프로슈토 샐러드 286
브로콜리니 베이컨 샐러드 288
분짜 샐러드 290
대패삼겹살 샐러드 294
대패숙주찜 샐러드 296
돈가스 샐러드 298
통 베이컨 샐러드 302
샤브샤브 샐러드 304
불고기 샐러드 306
육전 샐러드 310
스테이크 샐러드 314
오리 스테이크 샐러드 318

SALAD SPECIAL

샐러드와 잘 어울리는 수프&샌드위치

감자 수프&사과 샌드위치 323
양송이 수프&바질 페스토 바게트 샌드위치 326
가스파쵸&에그 마요 크루아상 샌드위치 329

맛 보장 저당 샐러드 드레싱 INDEX 332

INTRO 1

**하루 한 끼 저탄수화물
샐러드 식사를 해야 하는 이유**

가벼운 식사를 하고 싶을 때
체중 감량이 필요할 때
건강한 식습관을 회복하고 싶을 때

정제 탄수화물과 밀가루 섭취를 제한하고
채소와 과일, 통곡물과 해산물, 육류 등을 더한 샐러드에
맛을 돋우는 저당 드레싱을 곁들여
한 접시에 영양을 골고루 담은
조화롭고 지속 가능한 하루 한 끼
샐러드 식사를 권유합니다.

샐러드 식사는 양껏 먹을 수 있는 다양한 채소와 적량의 과일류, 적절한 단백질과 지방을 함께 섭취할 수 있기에 체중 조절 다이어트에 가장 적합합니다. 특히 부족하기 쉬운 채소의 영양소인 식이섬유를 충분히 섭취할 수 있고 몸에 필요한 비타민, 무기질뿐만 아니라 식이조절로 인한 부족한 영양소를 골고루 채워 줄 수 있는 음식입니다.

탄수화물 위주의 식사와 정제 탄수화물의 잦은 섭취는 혈당을 과도하게 올려 살이 찌는 몸을 만듭니다.
살 안 찌는 착한 탄수화물은 어떤 게 있나요?

흰쌀 대신 슈퍼 곡물인 귀리, 렌틸콩, 퀴노아, 병아리콩 등 섭취.
밀가루면 대신 면두부, 곤약면, 주키니면(채소면) 등 섭취.
쌀밥 대신 현미, 보리 등의 통곡물과 콜리플라워 밥 등 섭취.
흰 빵 대신 통밀빵, 호밀빵, 잡곡빵 등 섭취.

저탄수화물 샐러드 식사는 체중 감량 다이어트에 도움이 됩니다.

저탄수화물, NO 밀가루!
저탄수화물 샐러드 식사가 건강식이면서 체중 감량에 도움이 되는 이유

NO 설탕, 저당 드레싱으로 건강해지고 살이 안 찝니다.

더 건강하고 살 안 찌는 드레싱을 만드는 비결
샐러드 재료별로 잘 어울리는 저당 드레싱 알아보기
입과 눈이 즐거운 샐러드 식사를 하는 방법

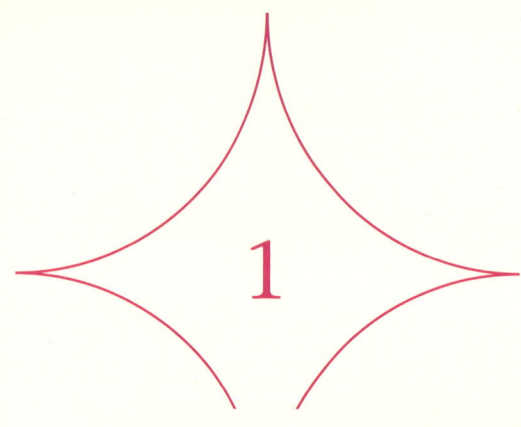

탄수화물 위주의 식사와 정제 탄수화물의 잦은 섭취는 혈당을 과도하게 올려 살이 찌는 몸을 만듭니다.

탄수화물은 뇌와 근육에 필요한 중요한 에너지원입니다. 그런데 왜 저탄수화물 식단을 해야 할까요? 정확히 말하면 우리가 피해야 할 탄수화물은 탄수화물 과잉 섭취와 정제 탄수화물을 의미합니다.

식탁을 한 번 살펴볼까요. 주로 어떤 음식을 드시나요? 바쁜 일상을 보내는 우리는 간편한 반조리 음식이나 빠르고 쉽게 주문해서 먹을 수 있는 배달 음식을 먹는 일이 많습니다. 사실 이런 음식들 대부분은 정제 탄수화물 위주의 음식과 가공 식품이 대부분입니다.

정제 탄수화물이란 정제되고 도정되어 원래의 탄수화물의 형태에서 멀어진 가공한 탄수화물을 말합니다. 보통 흰쌀밥, 흰빵, 떡, 라면, 칼국수, 짜장면 등의 면류와 시리얼, 케이크, 도넛, 피자, 초콜릿, 아이스크림, 설탕 음료 등이 포함됩니다. 자극적이고 중독성이 있으며 당지수가 높은 음식들이지요.

우리 몸은 음식을 통해 탄수화물을 섭취하면 소화 과정을 거쳐 작게 분해되고 가장 작은 단위인 포도당으로 만들어져 에너지원으로 사용되도록 설계되어 있습니다.

문제는 탄수화물의 과잉 섭취와 정제 탄수화물의 섭취는 소화와 흡수가 빠르게 되도록 만들고 췌장에서는 지방 저장 호르몬이라고 불리는 인슐린의 분비가 급격하게 상승하여 혈당 수치가 증가하는 원인이 된다는 것입니다. 결국 단시간에 과도하게 섭취한 탄수화물은 에너지로 사용되지 못하고 우리 몸속에 지방으로 축적되어 결과적으로 살이 찌는 원인이 됩니다.

잦은 정제 탄수화물의 섭취는 또다른 정제 탄수화물을 부르고, 식욕을 자극하여 과식을 하게 만드는 원인을 제공하기도 합니다. 그렇기 때문에 인슐린 분비를 빠르게 올리는 정제 탄수화물의 과도한 섭취를 줄이고 인슐린을 천천히 분비시키게 하는 음식과 혈당 지수가 낮은 음식 위주로 섭취하는 것이 좋습니다. 또한 탄수화물 위주의 과도한 식사와 정제 탄수화물을 자주 섭취하면 우리 몸에 활성산소가 증가하여 건강에도 안 좋습니다.

살 안 찌는 착한 탄수화물은 어떤게 있나요?

저탄수화물 샐러드 식사라고 해서 탄수화물의 섭취를 무조건 제한하는 것은 아닙니다. 탄수화물은 우리 몸에 꼭 필요한 필수 영양분이기 때문에 영양과 섬유질이 풍부하게 들어있는 건강한 탄수화물을 섭취하는 것이 중요합니다. 탄수화물의 대표 식품인 흰쌀과 밀가루를 제한하고 정제되지 않고 영양과 섬유질이 풍부한 통곡물인 귀리, 퀴노아, 고구마, 병아리콩, 렌틸콩 등 다양한 슈퍼푸드로 대체하여 영양적으로 우수한 식품을 적당량 섭취하는 것을 권장합니다.

흰쌀 대신 → 슈퍼 곡물인 귀리, 렌틸콩, 퀴노아, 병아리콩 등을 사용합니다.

고구마 라페 렌틸콩 샐러드 (p.166)
렌틸콩 훈제 연어 샐러드 (p.216)
렌틸콩 파스타 샐러드 (p.172)

렌틸콩 버섯 샐러드 (p.104)
퀴노아 무화과 샐러드 (p.108)
구운 치즈와 퀴노아 샐러드 (p.124)
쿠스쿠스 샐러드 (p.100)

줄기콩 귀리 닭가슴살 샐러드 (p.260)
오이와 귀리 샐러드 (p.134)
병아리콩 콘 샐러드 (p.88)
후무스(병아리콩) (p.34)

밀가루면 대신 → 면두부, 곤약면, 주키니면, 통밀면 등을 사용합니다.

두부면 샐러드
(p.172)

주키니면 해물 샐러드
(p.172)

곤약면 골뱅이 샐러드
(p.172)

쌀밥 대신 → 현미, 보리 등의 통곡물 밥과 콜리플라워밥 등을 사용합니다.

콜리플라워를 잘게 썰어 삶은 다음 볶아서 밥 대용으로 하거나 곱게 갈아서 메시드 콜리를 만들어 밥을 대신합니다.

콜리플라워밥

메시드 콜리

흰빵 대신 → 통밀빵, 호밀빵, 잡곡빵 등을 사용합니다.

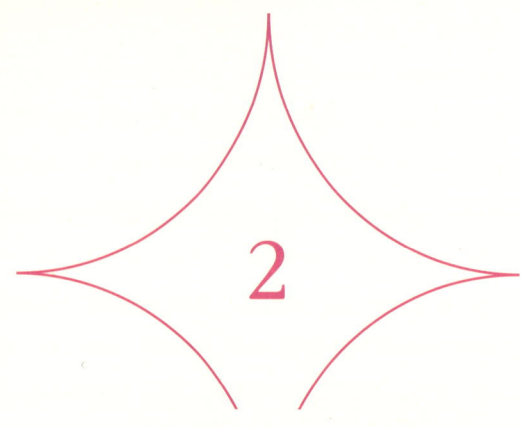

저탄수화물 샐러드 식사는
체중 감량 다이어트에 도움이 됩니다.

살이 빠지려면 몸에 쌓인 체지방을 분해해야 합니다. 저탄수화물 샐러드 식사는 탄수화물을 제한하고 다양한 채소와 당이 적은 과일류, 단백질과 지방을 포만감 있게 먹는 식사이기에 지방이 분해되어 에너지로 사용되고 결과적으로 살이 빠지게 됩니다. 저탄수화물 샐러드 식사는 굶고 배고픈 식사가 아니라 단백질과 지방이 풍부한 식재료를 포만감 있게 먹으면서 살이 빠지는 효과가 있기 때문에 체중 조절 다이어트에 가장 적합합니다.

콥 샐러드

새우 살사 샐러드

저탄수화물, NO밀가루!
저탄수화물 샐러드 식사가 건강식이면서
체중 감량에 도움이 되는 이유

정제 탄수화물과 밀가루를 제한하는 저탄수화물 샐러드 식사는 어떻게 먹기에 포만감이 들고 살이 빠지는 걸까요?

첫째,
신선한 채소를 섭취합니다. 몸에 필요한 비타민, 무기질뿐만 아니라 식이섬유가 풍부한 다양한 채소와 당이 많지 않은 과일류를 적당량 섭취하여 식이조절로 인한 부족한 영양소를 골고루 채울 수 있습니다.

올리브 그린 샐러드
(p.052)

사과 시금치 샐러드
(p.160)

둘째,
부드러운 달걀과 치즈, 감칠맛이 좋은 해산물류, 단백질과 지방이 풍부한 돼지고기, 소고기, 오리고기, 닭고기 등을 섭취합니다. 책에 담은 다양한 레시피로 충분히 포만감 있으면서 맛있는 샐러드 식사가 가능합니다.

구운 치즈와 퀴노아 샐러드
(p.124)

새우 파인애플 샐러드
(p.178)

셋째,
몸에 좋은 천연 지방을 적극적으로 섭취합니다. 저탄수화물 샐러드 식사에서 사용하는 지방으로는 단일 불포화지방산을 다량으로 함유하고 있고, 샐러드와 가장 잘 어울리는 '엑스트라 버진 올리브유'를 추천합니다. 올리브유는 폴리페놀과 비타민 등 몸에 좋은 성분이 풍부합니다. 건강에 해로운 활성산소를 제거해 주고 몸속 나쁜 콜레스테롤 수치를 저하해주며 혈액순환을 원활하게 해줍니다.

NO 설탕, 저당 드레싱으로 건강해지고 살이 안 찝니다.

샐러드는 어떻게 먹느냐에 따라서 또 어떤 드레싱을 곁들이냐에 따라서 건강한 식사가 될 수도 그렇지 않을 수도 있으며, 살이 찔 수도 안찔 수도 있습니다. 대부분의 시판 샐러드 드레싱은 맛을 위해 설탕이나 액상과당으로 만들어진 것들이 대부분입니다. 설탕은 정제과정을 거치면서 영양소는 없어지고 당분만 남아 체내에 쌓여 살찌게 하고 건강에도 좋지 않아요.
설탕 대신 단맛을 내면서도 당분과 칼로리가 낮은 감미료인 에리스리톨, 알룰로스를 사용한 저당 드레싱 레시피로 더 건강하게! 날씬하게! 샐러드 식사를 할 수 있습니다.

| 설탕 대신 에리스리톨, 알룰로스 | 샐러드 드레싱의 기본 재료는 식초, 소금, 오일입니다. 여기에 단맛을 내는 설탕이나 꿀을 더 추가하기도 하지요. 보통 식초 : 설탕 : 오일의 비율을 1.5 : 1 : 3 정도로 맞춥니다. 책에서는 건강한 샐러드 식사를 위한 저당 레시피를 소개하기 위해 정제된 설탕 대신 설탕의 단맛을 내면서도 당분과 칼로리가 낮은 에리스리톨, 알룰로스를 사용했습니다. |

| 더 맛있게 만드는 드레싱 비법 | 드레싱을 만들 때 재료는 〈설탕, 소금 등의 가루류 → 간장, 식초 등의 액체와 향채 → 오일〉의 순서대로 넣어야 모든 재료가 잘 섞이고 맛이 잘 어우러져 풍미가 살아납니다. 또한 오일을 넣고 거품기나 믹서로 충분히 섞어주어야 유화가 되면서 모든 재료가 잘 섞인답니다. |

더 건강하고
살 안찌는 드레싱을 만드는 비결

오일
(식용유)

일반 올리브오일 대신
엑스트라 버진 올리브오일을 사용하세요.

엑스트라 버진 올리브오일은 처음 딱 1번만 짜낸 오일로 발화점도 낮고 칼로리도 낮고 풍미가 좋아요.

마요네즈

일반 마요네즈 대신 **두유마요네즈/**
두부마요네즈/올리브오일 마요네즈를 사용하세요.

불포화지방산이 많은 올리브오일을 이용해 직접 만드는 마요네즈는 그 맛과 영양성분이 시판 마요네즈와는 비교할 수 없을 정도로 좋기 때문에 신선하게 집에서 만들어 사용하시기를 추천드려요. 두유와 두부로 만드는 마요네즈로 칼로리가 훨씬 낮으면서 고소하고 건강한 맛으로 풍미도 좋아요.

간장

일반 간장 대신 **한식재래간장**을 사용하세요.

양념이 첨가된 양조 간장보다 한식재래간장이 맑고 순수한 맛이 좋고 칼로리가 낮아요.

고추장

일반 고추장 대신 **저당고추장**을 사용하세요.

일반 고추장은 양념이 첨가되어 단맛이 좋지만 탄수화물이 많이 들어가 칼로리가 높아요. 저당고추장은 맛은 좋으면서 칼로리가 낮아요.

단맛

설탕 대신 **알룰로스**를, 꿀 대신 **메이플 시럽**을 사용하세요.

당함량이 높은 설탕이나 꿀 대신 단 맛이 나고 칼로리가 낮은 알룰로스와 메이플 시럽을 사용하면 좋아요.

샐러드 재료별로 잘 어울리는 저당 드레싱 알아보기

채소와 잘 어울리는 드레싱

발사믹 드레싱
(p.105)

두유 마요네즈 드레싱
(p.63)

후무스딥
(p.34)

미소 된장 드레싱
(p.87)

레몬 드레싱
(p.287)

검은깨 두유 드레싱
(p.67)

디종머스터드 레몬 드레싱
(p.205)

레드와인 식초 드레싱
(p.281)

매실청 드레싱
(p.261)

무화과 드레싱
(p.159)

복숭아 드레싱
(p.151)

키위 드레싱
(p.49)

어린이가 좋아하는 드레싱

참깨 마요 드레싱
(p.85)

메이플 발사믹 드레싱
(p.119)

요거트 마요네즈 드레싱
(p.137)

망고 드레싱
(p.183)

파인애플 드레싱
(p.179)

땅콩 드레싱
(p.77)

오렌지 드레싱
(p.57)

타르타르소스
(p.201)

해산물과 잘 어울리는 드레싱

 스리라차 마요 드레싱 (p.223)
 화이트와인 식초 드레싱 (p.26)
 자몽 드레싱 (p.55)
 들기름 간장 드레싱 (p.97)

 오렌지 드레싱 (p.191)
 유자청 드레싱 (p.289)
 와사비 마요 소스 (p.195)
 안초비 드레싱 (p.227)

 청양고추 드레싱 (p.237)
 레몬 케이퍼 드레싱 (p.217)
 레몬 허브 드레싱 (p.199)
 타르타르소스 (p.201)

고기와 잘 어울리는 드레싱

 땅콩 드레싱 (p.77)
 연겨자 오리엔탈 드레싱 (p.219)
 고추 드레싱 (p.95)
 고추기름 드레싱 (p.295)

 호두 흑임자 드레싱 (p.307)
 파인애플 드레싱 (p.179)
 바질페스토소스 (p.163)
 스윗 칠리 드레싱 (p.187)

 토마토 살사 (p.265)
 파프리카 드레싱 (p.81)
 아몬드 요거트 드레싱 (p.249)
 홀그레인머스타드 마요네즈드레싱 (p.277)

입과 눈이 즐거운
샐러드 식사를 하는 방법

**살찌는 밀가루 국수 대신
살 안 찌는 채소면 만들기**

국수면을 채소로 대체해서 면을 만들 때나 채소를 색다르게 썰어서 즐기고 싶을 때 회전식으로 재료를 써는 스파이럴라이저를 사용해 보세요. 늘 먹던 방식이 아니라 색다르게 채소를 즐길 수 있고, 호박이나 당근을 면처럼 가늘고 길게 만들어서 국수면처럼 즐길 수도 있어요. 스파이럴라이저는 쇼핑몰 등에서 구입할 수 있습니다.

스파이럴라이저로 채소를 국수처럼 길게 썰어서 색다르게 즐겨보세요.

필러로 예쁘게 썰기

오이나 당근, 호박 등을 필러를 이용해서
세로로 길게 썰어 요리하면 색다른 샐러드를 즐길 수 있어요.

필러로 채소를 얇고 넓게 썰어 색다르게 즐겨보세요.

다양한 색감으로 더 맛있게!

샐러드 요리에서는 초록의 잎채소를 기본으로 만들면서 냉장고 상황에 맞게 다양한 색감의 채소를 매칭해서 추가하면 더 맛있게 즐길 수 있습니다.

예쁜 플레이트에 맛있게 담기

샐러드를 담는 플레이트도 조금 더 신경 써서 준비해 보세요. 샐러드를 한결 먹음직스럽고 고급스럽게 즐길 수 있습니다. 접시에 담을 때는 한 번에 다 섞어 담지 말고 재료의 고유 모양이 보이도록 어우러지게 담으면 더 근사해 보입니다. 드레싱은 따로 담아 먹기 직전에 뿌리세요.

INTRO 2

샐러드를 더욱 신선하고
빠르게 즐기는 방법

간혹 샐러드 만들기가 번거롭다고 생각하는 이유는
여러 가지 재료를 손질하고 보관하여
만들어야 하기 때문일 거예요.
한식에서 밑반찬을 미리 만들어두면 일주일 식탁이 여유롭듯
샐러드도 취향에 따라 채소를 미리 소분해 두거나
보관성이 좋은 토핑 재료 몇 가지와 드레싱만
미리 준비해 두는 것만으로도
큰 도움이 됩니다.

샐러드와 잘 어울리는 밑반찬 같은 토핑 재료 1~2가지 미리 만들어두기	샐러드를 만들 때 취향에 따라 여러 가지 토핑이 올라가게 됩니다. 이때 토핑 재료만 미리 만들어두어도 샐러드를 빠르게 만들 수 있어요. 냉장 보관 해두면 시간이 지날수록 더 맛있어지므로 미리 넉넉히 1주일 정도의 분량을 만들어 냉장 보관했다가 토핑으로 사용하면 좋아요. 바질페스토(p.32), 당근 라페(p.30), 토마토 마리네이드(p.26), 썬드라이 토마토(p.28), 후무스(p.34), 코울슬로(p.90)
드레싱은 1주일분을 미리 만들어두기	샐러드 드레싱은 바로 만들어서 먹는 것보다 미리 만들어 숙성해서 먹는 것이 훨씬 맛있답니다. 1주일분 정도는 미리 만들어서 보관했다가 필요할 때마다 꺼내 쓰면 샐러드를 만드는 시간을 훨씬 줄일 수 있습니다. 만약 도시락 등으로 활용할 예정이라면 미리 작은 그릇에 소분해 두고 먹으면 쉽게 상하지 않고 시간도 절약할 수 있습니다. 요리법에 소개한 드레싱 재료 중 일반적으로 사용하는 마요네즈, 요거트 등은 취향대로 사용해도 좋으나, 책에서 소개하는 레시피로 만들어 드시면 더 건강하고 체중을 줄이는 데 도움이 됩니다. 두부마요네즈(p.36), 두유마요네즈((p.38), 올리브오일 마요네즈(p.40), 두유 그릭(두유 플레인) 요거트(p.42)
샐러드 채소 소분해두기	샐러드 채소는 미리 3일 정도의 분량은 손질해서 소분하고 전용 보관통에 담아 채소 보관 칸에 넣어 두면 신선도에 크게 문제없이 준비해 둘 수 있어요. 여러 가지 종류의 샐러드 채소를 준비해서 먹기 좋은 크기로 썰어 깨끗하게 씻은 뒤 스피너에 넣고 돌려 수분을 충분히 털어냅니다. 그리고 난 뒤에 1회 필요한 분량만큼 덜어서(보통 70~100g 정도가 적당) 지퍼백이나 밀폐 용기에 담아 보관하면 됩니다. 지퍼백에 담을 때에는 최대한 공기를 빼서 담으면 더 신선하게 오래 보관할 수 있어요. 이때 양상추와 양배추는 미리 준비하면 갈변 하므로 필요할 때마다 씻어서 사용하는 것을 추천합니다.

다양한 샐러드와 어울리는 밑반찬 같은 음식

토마토 마리네이드
Tomato Marinade

토마토 마리네이드는 토마토를 좋아하지 않는 사람도 한번 맛보면 깜짝 놀랄! 상큼한 맛이랍니다. 껍질을 벗겨 부드럽고 연한 식감이 아이들도 맛있게 먹을 수 있어요. 한번 만들 때 넉넉히 만들어서 냉장고에 보관했다가 빵 먹을 때, 샐러드 만들 때, 고기 먹을 때 피클처럼 다양하게 곁들여 먹기 좋아요. 보통은 발사믹 식초를 이용해 만들지만 발사믹 식초 특유의 색감이 예쁘지 않아 화이트와인 식초를 이용해 만들었어요. 그러면 토마토 특유의 색도 잘 살아나고 맛도 더 깔끔하답니다.

4인분

재료 | 방울토마토 250g, 양파 20g, 바질잎 3~4장, 레몬 약간

화이트와인 식초드레싱 | 소금 1/6작은술, 화이트와인 식초·알룰로스(혹은 꿀) 2큰술씩, 레몬즙 1½큰술, 올리브오일 3큰술, 후춧가루 약간

1

2

3

4

how to

1 방울토마토는 꼭지는 따내고 깨끗이 씻는다.

2 방울토마토의 꼭지 부분을 아주 조금 껍질을 벗기듯이 잘라낸 뒤 끓는 물에 넣고 1분 정도 데친다.

3 토마토의 껍질이 갈라지면 건져 찬물에 담가 열기를 뺀 뒤 껍질을 벗겨낸다.

4 양파는 잘게 다지고 바질도 얇게 채를 썬다.

5 ④의 손질한 재료와 나머지 드레싱 재료를 모두 함께 넣어 골고루 섞어둔다. 레몬은 얇게 4등분 해 조각낸다.

6 볼에 껍질 벗긴 방울토마토를 넣고 준비한 드레싱과 레몬 조각을 넣고 잘 섞어 완성한다.

· TIP · 바로 먹는 것보다 냉장고에 넣어 반나절 정도 숙성시킨 뒤 먹으면 훨씬 맛있어요.

썬 드라이 토마토
Sun-Dried Tomato

썬 드라이 토마토는 말 그대로 토마토를 말린 것을 말해요. 이탈리아에서는 큰 토마토 위주로 말려서 사용하기도 하는데 작은 방울 토마토를 말려서 쓰면 사용하기가 좋고 단맛이 더 진해 맛있어요. 토마토를 부드럽게 말리면 토마토가 가진 단맛이 응축되어 감칠맛이 좋답니다. 다양한 허브, 마늘 등과 함께 엑스트라 버진 올리브에 절여두고 사용하면 보관 기간도 늘어나고 맛도 좋아진답니다. 샌드위치의 속재료나 샐러드 토핑, 와인 안주 등으로 활용해도 좋아요.

4인분

재료 | 방울토마토 1000g, 엑스트라 버진 올리브오일 1컵, 소금 1½작은술, 마늘 2쪽, 말린 레몬 2쪽, 오레가노 가루·타임·로즈마리 약간씩

5

6

how to

1 방울토마토는 깨끗이 씻어 꼭지를 제거하고 반으로 자른다.

2 오븐 팬위에 방울토마토를 올리고 소금과 오레가노를 살짝 뿌린다.

3 80℃ 정도로 예열한 오븐에 방울토마토를 넣고 1시간 말린다.

4 토마토를 꺼내 수분을 한번 말린 뒤 다시 1시간 굽듯이 말린다.

5 다시 토마토를 꺼내 너무 마르지 않은 것은 뒤집어서 1~2시간 두고 손으로 만져보아 수분이 나오지 않을 정도로 부드럽게 말린다.

6 소독한 유리병에 말린 토마토와 분량의 마늘, 레몬, 타임, 로즈마리를 골고루 넣고 올리브오일을 부어 밀봉한다

당근 라페

Carrot Lafe

당근 라페는 채를 썬 당근이라는 뜻의 프랑스 샐러드입니다. 사실 '당근으로 샐러드를?'이라며 생소해할 수 있지만, 당근 특유의 달콤함과 와인식초, 레몬즙의 상큼함이 만나 생각했던 것보다 더 훨씬 더 맛있는 샐러드랍니다. 특히나 제주 당근이 나올 때인 늦겨울~초봄에 만들어 먹으면 당근이 가진 단맛으로 정말 맛있는 라페를 만들 수 있어요. 키친콤마에서 이 제품을 처음 판매했을 때 '뭐 저런 걸 팔아? 당근을 판다고?' 하며 의아해했던 분들도 있었어요. 하지만 한번 맛보고 나서는 세상에 이렇게 맛있는 당근이 있었냐며 놀라셨던 일이 생각납니다. 아직 당근에 대한 선입견이 있으시다면 이 샐러드를 꼭 만들어 드시기를 바랍니다! 레시피에는 당근 줄기도 사용했어요. 푸릇푸릇한 줄기가 붙어있는 당근을 보고 있으면 이게 뭐라고 그렇게 예뻐 보일 수가 없어요. 그래서 일부러 이 당근을 사용하는데 당근 줄기가 없다면 생파슬리나 건조 파슬리를 사용하면 됩니다. 전 이 당근 라페를 샐러드 위에 얹어 먹는 것도 좋아하지만 곡물빵에 크림치즈를 두둑이 바르고 당근 라페를 듬뿍 올려 먹는 것을 좋아한답니다.

1

2

3

5인분

재료 | 당근 250g, 당근 줄기(혹은 생파슬리)·소금 약간씩
라페 드레싱 | 레몬즙 1큰술, 화이트와인 식초 2½큰술, 홀그레인머스터드 1큰술, 알룰로스 2~3큰술, 엑스트라 버진 올리브오일 3큰술, 후춧가루 약간

how to

1   당근은 껍질을 벗기고 채칼로 채를 썰어 볼에 담은 뒤 소금을 넣고 가볍게 버무린다.

2   ①에 올리브오일을 제외한 드레싱 재료를 넣고 섞은 뒤 마지막으로 올리브오일을 넣어 잘 섞는다. 당근 줄기는 잘게 썬다.

3   채 썬 당근에 ②의 드레싱 재료를 넣고 골고루 잘 버무린 뒤 다진 당근 줄기도 넣어 함께 섞는다.

· TIP · 당근 줄기는 버리기 아까워 잘게 다져 넣어봤어요. 당근 줄기가 없다면 파슬리를 잘게 다져 넣거나 파슬리 가루를 넣으면 좋아요. 당근 라페는 만들어서 바로 먹는 것보다는 냉장고에 넣어 반나절 이상 숙성시킨 뒤 먹으면 훨씬 맛있답니다.

바질 페스토
Basil Pesto

바질 페스토는 이탈리아의 제노바에서 유래한 소스라고 해요. 생바질 잎을 잣, 치즈 등과 함께 갈아 만드는 소스로, 바질의 진한 향과 잣의 고소함이 잘 어우러지는 맛있는 소스입니다. 빵에 발라먹거나 파스타의 소스 등으로 많이 활용됩니다. 샐러드 드레싱이나 고기에 곁들이는 소스로 활용하면 더욱 풍성하게 즐길 수 있어요. 집에서 바질 화분을 하나 키워서 직접 만들면 더욱 진하고 신선한 소스로 즐길 수 있을 거예요.

4인분
재료 | 생바질 60g, 그라나파다노 치즈 20g, 잣 12g, 마늘 1쪽, 엑스트라 버진 올리브오일 45g, 소금 2꼬집

1

2

3-1

3-2

how to

1 바질은 깨끗이 씻어서 물기를 완전히 털어내고 줄기는 제거한다.

2 잣은 마른 팬에 노릇하게 구운 뒤 식힌다.

3 분량의 바질 페스토 재료를 모두 볼에 넣고 바믹서로 곱게 간다.

4 완성된 바질 페스토를 밀폐용기에 담은 뒤 윗면이 공기와 닿지 않게 올리브오일을 부어 덮고 냉장보관한다.

후무스
Humus

병아리콩을 삶아 마늘과 타히니소스, 올리브오일 등을 넣어 만드는 중동 지역의 음식이랍니다. 요즘에는 단백질이 풍부한 다이어트 식품으로 많은 사랑을 받고 있지요. 유럽 쪽에 가면 마트에서 흔하게 접할 수 있고 다양한 요리에 활용해요. 쉽게 말해 디핑소스라고 생각하면 됩니다. 채소를 스틱 모양으로 잘라 후무스에 찍어 먹어도 좋고 크래커나 토르티야, 곡물빵 등에 찍어 먹어도 맛있어요. 좀 더 리치한 맛의 후무스를 즐기는 방법을 소개해 드릴게요. 후무스 위에 질 좋은 올리브오일을 넉넉히 두르고 올리브와 파프리카 가루 등을 곁들이면 더욱 색다른 맛을 느낄 수 있답니다. 와인 안주로도 인기도 좋지요.

4인분
재료 | 병아리콩 100g, 참깨 2큰술, 엑스트라 버진 올리브오일 3큰술, 레몬즙 1½큰술, 마늘 2쪽, 소금 1/2작은술
그 외 재료 | 올리브오일 2큰술, 그린올리브 적당량, 파프리카 가루·다진 파슬리 약간씩

1

3-2

3-1

how to

1 병아리콩은 가볍게 씻어 콩의 3배 정도 되는 분량의 물을 붓고 4시간 이상 불린다.

2 냄비에 불린 콩과 물, 약간의 소금을 넣고 40분 정도 푹 삶는다.

3 믹서기에 삶은 콩과 삶은 물 1컵, 분량의 마늘, 참깨, 레몬즙, 소금, 올리브오일을 넣고 곱게 간다.

4 곱게 갈아진 후무스를 접시에 담고 그 위에 물기를 뺀 그린올리브를 올린 뒤 올리브오일을 넉넉히 뿌린다.

5 ④에 파프리카 가루와 파슬리를 뿌려 완성한 뒤 크래커나 토르티야를 곁들인다.

더 건강하고 날씬한 드레싱

두부 마요네즈

일반 마요네즈는 유화가 되도록 달걀 노른자를 사용하기 때문에 비건인이 먹을 수 없는 식품 중에 하나입니다. 오일이 대부분을 차지하고 있기 때문에 칼로리도 높고 어떤 오일을 사용했느냐에 따라 건강에 도움이 되지 않기도 합니다. 담백하고 건강하게 먹기 위해 두부를 이용해 마요네즈를 만들어 보았어요. 콩 단백질이 가득한 두부를 이용해 마요네즈를 만드면 담백한 맛이 좋은 마요네즈가 완성된답니다. 다만 쉽게 상할 수 있기 때문에 한 두번 먹을 정도의 양만 만들어 빨리 사용하는 것이 좋아요.

4인분
재료 | 두부 1/2모, 포도씨유 3큰술, 레몬즙 1작은술, 식초 2작은술, 알룰로스 1/2큰술, 소금 1/5작은술

1

2

how to

1   두부는 끓는 물에 1~2분 정도 데친 뒤 건져내 충분히 식히고 키친타월에 올려 물기를 뺀다.

2   오일을 제외한 분량의 두부 마요네즈 재료는 모두 믹서기에 넣어 곱게 간다. 여기에 오일을 조금씩 넣고 갈아 완성한다. 두부마요네즈는 쉽게 상하기 때문에 적당량만 만들고 일주일 이상 보관하지 않는다.

두유
마요네즈

두부마요네즈와 마찬가지로 두유마요네즈도 오일의 양을 줄이고 대신 두유를 이용해 만드는 마요네즈입니다. 오일의 양을 줄여 칼로리는 낮춘 대신 콩의 단백질은 가득해서 건강하게 먹을 수 있는 마요네즈입니다. 두유의 특성상 일반 마요네즈처럼 걸쭉한 질감이 잘 만들어지지 않을 수 있으므로 약간의 두부를 넣으면 훨씬 쉽게 만들 수 있습니다.

8인분

재료 | 두유·포도씨유 1컵씩, 캐슈너트·레몬즙 2큰술씩, 소금 1/4작은술, 알룰로스 1$\frac{1}{2}$큰술(무설탕 두유를 사용해서 알룰로스를 넣었어요. 가당 두유라면 알룰로스를 빼도 좋아요.)

how to

1　　분량의 드레싱 재료를 모두 바믹서에 넣고 곱게 잘 섞어 완성한다.

올리브
오일
마요네즈

보통 시판 마요네즈는 저렴한 오일을 이용해 만드는 경우가 많아서, 건강을 생각한 몸에 좋은 올리브오일을 이용해서 마요네즈를 만들어 볼게요. 엑스트라 버진 올리브오일을 이용해서 만들 수도 있지만 올리브오일 특유의 씁쌀한 맛과 풀향이 있어서 먹기에 거부감이 있는 분도 있을 거에요. 여기서는 퓨어 올리브오일로 만드는 레시피를 소개할게요. 퓨어 올리브오일을 이용해 만들면 올리브오일의 향이 은은하니 적당해서 고소한 맛이 좋은 마요네즈를 만들 수 있답니다.

10인분
재료 | 달걀노른자 40g, 소금·레몬즙 4g씩, 에리스리톨 15g, 식초 9g, 퓨어 올리브오일 500g

1

2

3

how to

1. 깨끗하게 소독한 길쭉한 원통형 그릇에 달걀노른자와 소금, 에리스리톨, 레몬즙, 식초를 넣고 바믹서로 가볍게 섞는다.
2. ①을 갈면서 퓨어 올리브오일을 천천히 조금씩 넣어가며 계속 갈아준다.
3. 올리브오일이 섞이면서 유화되며 마요네즈 질감이 될때까지 갈아 완성한다.

· TIP · 올리브오일이 너무 차가워지면 노른자와 분리되어 마요네즈가 만들어지지 않으므로 겨울에는 전자레인지에 넣어 15~30초 정도 데워 사용하면 잘 만들어져요.

두유 그릭 요거트
(두유 플레인 요거트)

그릭 요거트는 보통 우유와 유산균을 이용해 만든 요거트의 유청을 빼고 만든 꾸덕하고 크림 같은 질감의 요거트를 말합니다. 유제품을 먹지 않는 비건인이라면 요거트가 조금 아쉬울 때가 있어요. 그래서 두유를 이용해 그릭 요거트를 만들어 보았습니다. 우유 대신 두유를 사용하고 유산균은 비건인증 요거트 스타터나 코코넛 밀크 등으로 만든 요거트를 이용하면 됩니다. 발효하는 시간과 유청을 빼는 시간이 오래 걸리는 음식이지만 시판 요거트 못지않게 맛있는 요거트가 완성됩니다. 만든 그릭 요거트는 그래놀라나 과일 등과 함께 먹으면 한 끼 식사로 충분합니다.

4인분
재료 | 두유 1ℓ, 비건 요구르트 150㎖ (또는 시판 비건 요거트 스타터 구입)

how to

1. 소독한 유리나 사기그릇에 두유와 비건 요거트를 넣고 가볍게 섞는다.
2. ①의 용기를 70℃ 정도로 예열한 오븐에 넣어 15시간 이상 따뜻하게 발효한다. 또는 요거트 메이커에 넣어 발효한다.
   · TIP · ②번 과정에서 발효가 완성되어 냉장고에 보관하면 플레인 요거트가 완성된다.
3. 체에 거즈나 면보를 깔고 발효된 요거트를 부어 유청을 뺀다. 이때 면보를 사방으로 덮은 뒤 그 위에 무거운 그릇을 올려 유청을 빼면 더 빠르게 뺄 수 있다. 냉장고에 넣어두면 더 단단한 식감의 요거트로 만들어진다.
4. 3~4시간 정도 원하는 질감이 되도록 유청을 빼서 완성한다.

일러두기

채식 구분과 닮은 저탄수화물 샐러드 식사의 레시피 구성

근래에는 건강을 위해서, 동물 보호를 위해서, 지구 환경을 살리기 위해서, 가치 소비를 하는 분들이 많아지면서 채식이 주목받고, 채식하는 분들이 늘고 있어요. 채식주의는 아니지만, 저탄수화물 샐러드 식사의 쉬운 레시피를 위해 재료별로 구성하다 보니 이 책의 구성은 채식인들의 구분과 맞닿아 있답니다. 채식의 단계는 여러 가지가 있지만 여기서는 쉽게 4단계로 구분했습니다. 용어가 생소할 수 있지만 책의 구성과 닮아있으니 참고하세요.

비건
VEGAN
| 채소 | 과일 | 통곡물 |

· 완전 채식만 허용하는 채식주의입니다.
· 육류나 해산물, 달걀, 유제품과 꿀 등도 제한합니다.
· LESSON 1의 레시피를 참고하세요.

락토오보 베지테리언
LACTO-OVO
| 채소 | 과일 | 통곡물 | 달걀 | 유제품 |

· 유제품과 달걀을 허용합니다.
· 우유, 치즈 등의 유제품과 달걀을 섭취하는 비건 지향을 의미합니다.
· LESSON 2의 레시피를 참고하세요.

페스코 베지테리언
PESCO
| 채소 | 과일 | 통곡물 | 달걀 | 유제품 | 해산물 |

· 해산물까지를 허용합니다.
· 해산물, 유제품, 달걀을 섭취하는 비건 지향을 의미합니다.
· LESSON 3의 레시피를 참고하세요.

플렉시테리언
FLEXITARIAN
| 채식 | 때때로 육류 |

· 평소에는 채식, 때때로 상황에 따라 육류를 허용하는 비건 지향을 의미합니다.
· LESSON 4의 레시피를 참고하세요.

| 계량 |

1큰술은 15ml, 1작은술은 5ml 기준입니다.
1컵은 200ml입니다.

* 각 레시피 분량은 본문에 (1인분 또는 2인분) 표기하였으니 참고하세요.
  완성된 사진에는 이미지 연출을 위해서 완성 분량을 모두 담지 않는 경우들이 있습니다. 드레싱의 경우에도 따로 분량 표기를 한 것들이 있습니다.

* 다양한 취향을 위해 레시피에 다음과 같이 표기한 부분이 있으니 참고하세요.

VG(채식)

LC(저탄수화물)

WF(NO 밀가루)

GF(NO 글루텐)

- **VG(채식)**: Vegan으로 채식을 의미합니다. 채소와 과일, 해초, 통곡물류 등의 식물로 만든 음식을 먹는 사람을 말합니다. 육류나 해산물, 달걀, 유제품과 꿀 등도 제한합니다. 가벼운 식사로 몸의 회복을 위해 자연 식물식을 할 때 도움이 됩니다.
- **LC(저탄수화물)**: Low Carb 저탄수화물을 의미하며, 탄수화물의 양을 제한하고 최소한의 탄수화물을 섭취합니다. 성인을 기준으로 하루 탄수화물 양을 50~100g 정도로 제한해서 섭취하는 것이 건강에 도움이 된다고 합니다. 탄수화물의 섭취를 줄이면 몸의 지방과 단백질이 대체 에너지로 사용되기 때문에 다이어트에 도움이 됩니다.
- **WF(NO 밀가루)**: Wheat FREE 밀가루가 들어가지 않은 레시피입니다. 밀가루는 90% 이상이 탄수화물 성분으로 되어 있으며, 먹었을 때 속이 불편한 소화불량, 복통, 설사, 변비 등 알레르기를 일으킵니다. 또 글루텐 성분에 민감한 분들에게 도움이 되는 레시피이기도 합니다.
- **GF(NO 글루텐)**: Gluten FREE 글루텐을 함유하지 않은 레시피입니다. 밀가루뿐만 호밀, 보리 등에도 글루텐은 들어 있습니다. 또 간장, 드레싱, 시리얼 등 밀가루가 주성분이 아니더라도 일반 탄수화물 식품에 들어 있는 글루텐 성분 때문에 글루텐 불내증이 있는 분들에게 추천합니다.

* 위 표기는 레시피에 따로 표기한 대체 가능한 재료로 사용한 경우를 포함하여 표기한 점 참고하세요.

Salad

LESSON 1
가볍게 먹고 싶은 날에

영혼까지 클린 한 채식 샐러드
|채소, 과일, 통곡물|
비건 VEGAN

주변에서 쉽게 구할 수 있는 채소, 과일, 곡물 등 식물성 음식 위주의 식재료를 이용해서 즐길 수 있는 채식 샐러드를 선보입니다.
대체로 동물성 단백질과 지방 대신 두부, 콩, 버섯 등을 이용해 모자란 단백질을 보충할 수 있도록 하였고, 좋은 탄수화물과 견과류를 이용했으며, 올리브오일이나 들기름 등으로 건강한 지방을 섭취할 수 있도록 구성했습니다. 거기에 토마토, 블루베리 등 당분이 적은 과일을 이용한 다양한 샐러드 레시피를 소개합니다. 가벼운 식사를 하고 싶은 날에는 약간의 채소와 제철 과일, 통곡물을 이용한 채식 샐러드 식사를 해보세요.

※ 재료중 비건 치즈, 비건 카레가루 등 비건 식재료는 쇼핑몰에서 구입가능합니다.
   비건 식품을 일반 식품으로 대체해도 좋습니다.

Kiwi Salad
◦ 키위 샐러드 ◦

- VG(채식)
- LC(저탄수화물)
- WF(NO 밀가루)
- GF(NO 글루텐)

싱싱한 초록 채소와 새콤한 키위의 만남! 심플하지만 매력적인 샐러드입니다. 아삭하면서 씹는 맛이 좋은 로메인은 상추와는 다르게 씹는 식감이 있어서 샐러드 채소로 좋아요. 여기에 향이 좋은 루콜라를 더해 씹는 식감과 향을 모두 충족시켜주었어요.

ingredients

(1인분)
로메인 70g, 루콜라 10g, 키위 1½개

키위 드레싱 |
키위 1/2개, 레몬즙 2작은술, 엑스트라 버진 올리브오일·알룰로스 2큰술씩, 소금 1꼬집, 후춧가루 약간

how to

1. 로메인은 한입에 먹기 좋은 크기로 썰어 찬물에 담가 씻어 건지고 물기를 뺀다. 루콜라도 씻어서 물기를 뺀다.
2. 키위는 껍질을 벗기고 세로로 6등분 한다.
3. 분량의 드레싱 재료는 모두 믹서기에 넣고 곱게 갈아 키위 드레싱을 만든다.
4. 접시에 샐러드용 채소를 듬뿍 담고, 키위를 올린 뒤 드레싱을 뿌려 완성한다.

Strawberry Marinade

VG(채식)

WF(NO 밀가루)

GF(NO 글루텐)

○ 딸기 마리네이드 ○

딸기는 보기만 해도 기분이 좋아지는 과일인 것 같아요. 달콤, 상콤 너무 맛있죠. 맛있는 딸기는 그냥 먹어도 맛있지만 좀 더 오래 먹을 수 있도록 마리네이드를 만들어 저장해두고 드셔보세요. 그 맛에 매료될거예요. 딸기와 몇 가지 채소를 섞어 미리 만들어 두었다가 꺼내 먹으면 더 맛있어요. 그냥 먹어도 좋고, 샐러드 토핑으로 준비해 두었다가 빵과 곁들여 먹어도 좋아요. 냉장고에서 일주일 정도 보관 가능합니다.

ingredients

(2인분)
딸기 7~8개, 블루베리 1/2컵, 오이 30g, 적양파 1/4개, 래디시 2개, 레몬 1/4개, 파슬리 약간

레드와인 식초 드레싱 |
레드와인 식초 2큰술, 레몬즙 1큰술, 엑스트라 버진 올리브오일 3큰술, 알룰로스 2큰술, 소금 2꼬집, 후춧가루·다진 파슬리 약간씩

how to

1. 분량의 드레싱 재료는 모두 볼에 담고 골고루 섞어둔다.
   TIP | 이때 파슬리는 잘게 다져서 넣는데, 생파슬리가 없다면 건조 파슬리 가루를 넣어도 좋아요.

2. 딸기와 블루베리는 깨끗이 씻은 뒤 물기를 뺀다. 딸기는 꼭지를 떼어 내고 블루베리 정도의 크기로 4~6 등분 해서 썬다. 레몬은 얇게 부채꼴 모양으로 썬다.

3. 오이와 적양파도 블루베리 크기로 자르고 래디시는 얇게 저민다.

4. 볼에 준비한 샐러드 재료와 ①의 드레싱을 모두 넣고 가볍게 섞는다. 이때 여분의 파슬리를 다져 넣어도 좋다.
   TIP | 완성한 샐러드는 냉장고에 2~3시간 이상 보관했다가 차갑게 먹으면 더 맛있어요.

OLive Green Salad

- VG(채식)
- LC(저탄수화물)
- WF(NO 밀가루)
- GF(NO 글루텐)

◦ 올리브 그린 샐러드 ◦

그린 샐러드는 올리브를 그다지 좋아하지 않는 분들에게도 한 번쯤은 꼭 추천하고 싶어요. 고소하면서 은근한 단맛이 올라오는 올리브의 맛을 느껴보세요. 일반 유리병에 담긴 제품들은 유통을 위해 조금 짜게 절여지는 경우가 있지만 냉장 코너에서 판매되고 있는 올리브는 이보다 훨씬 덜 짜게 절여져 많이 짜지 않거든요.

ingredients

(1인분)
로메인과 와일드 루콜라 150g, 그린 올리브 10알, 오이 1/4개

바질 드레싱 |
화이트와인 식초 1½큰술, 엑스트라 버진 올리브오일 3큰술, 알룰로스 2작은술, 디종머스터드 1작은술, 바질잎 2장, 파슬리 1줄기, 소금·후춧가루 1꼬집씩

how to

1. 로메인은 먹기 좋은 크기로 자르고, 와일드 루콜라와 함께 씻은 뒤 체에 받쳐 물기를 뺀다.
2. 오이는 반달 모양으로 썰고 그린올리브도 준비한다.
   TIP | 씨가 있는 올리브는 먹을 때 조심해야 하고, 씨가 없는 것으로 준비하면 편하게 먹을 수 있습니다.
3. 분량의 드레싱 재료는 모두 볼에 담아 잘 섞는다. 이때 바질잎과 파슬리는 잘게 다지듯 썰어 넣고 섞은 뒤 마지막에 올리브오일을 넣어 섞는다.
4. 모든 샐러드 재료를 접시에 담고, 드레싱을 곁들여 낸다.

Grapefruit Salad

○ 자몽 샐러드 ○

VG(채식)

LC(저탄수화물)

WF(NO 밀가루)

GF(NO 글루텐)

자몽 특유의 쌉쌀한 맛을 좋아하는 분들이 많지요. 칼로리와 당분이 높지 않아 다이어트 하는 분들에게 인기가 많은 과일입니다. 껍질을 벗겨 자몽 과육 그대로의 맛을 느낄 수 있도록 자몽 과즙으로 만든 드레싱과 함께 화려한 색감의 심플한 샐러드를 즐겨 보세요.

ingredients

(1인분)
자몽 1개, 아스파라거스 4대, 어린잎 채소 100g, 올리브오일 1큰술, 소금·후춧가루 약간씩

자몽 드레싱 |
자몽 과즙 5큰술, 레몬즙·알룰로스 1½ 큰술씩, 엑스트라 버진 올리브오일 2큰술, 소금·후춧가루 약간씩

how to

1 자몽은 겉껍질을 칼로 벗기고 과육만 칼로 잘라낸다. 아스파라거스는 필러로 껍질을 벗기고 질긴 밑동은 잘라낸 뒤 먹기 좋게 2~3 등분으로 자른다.
TIP | 자몽의 남은 껍질 부분은 버리지 말고 면 보자기에 꼭 짜서 과즙을 낸 뒤 드레싱에 사용해요.

2 달군 팬에 올리브오일을 두르고 손질한 아스파라거스를 볶는다. 이때 소금, 후춧가루로 간을 한다.

3 샐러드 채소는 깨끗이 씻어서 물기를 빼고, 분량의 드레싱 재료는 모두 볼에 담고 골고루 섞어서 만든다.

4 구운 아스파라거스와 자몽 과육, 샐러드 채소를 모두 그릇에 담고, ③의 드레싱을 곁들여 낸다.

Orange Olive Salad

VG(채식)

WF(NO 밀가루)

GF(NO 글루텐)

○ 오렌지 올리브 샐러드 ○

언젠가 스페인에 여행을 갔을 때 어디에 가든 오렌지를 보고, 먹을 수 있는 게 참 신기했어요. 오렌지에 스페인에서 많이 나는 올리브도 함께 섞어 마리네이드 느낌의 샐러드를 만들었어요. 질 좋은 올리브오일을 넉넉히 넣어 올리브 특유의 풀 향이 입안에 감도는 맛있는 샐러드입니다. 가볍게 데친 해산물과 함께 곁들여 먹어도 좋답니다.

ingredients

(2인분)

오렌지·키위 1개씩, 그린올리브·블랙올리브 5알씩

오렌지 드레싱 |

오렌지 과즙 1/4컵, 레몬즙 1큰술, 홀그레인머스터드 1작은술, 소금 1꼬집, 엑스트라 버진 올리브오일 3큰술, 후춧가루·생파슬리 약간씩

how to

1. 오렌지는 껍질을 벗기고 속 껍질 사이사이에 칼집을 내어 과육만 발라낸다. 남은 속껍질은 면 보자기에 싼 뒤 꼭 짜서 과즙만 따로 담아둔다.

2. 올리브는 씨 없는 것으로 준비하고, 키위는 껍질을 벗긴 뒤 세로로 6등분한다.

3. 미리 짜서 담아둔 오렌지 과즙에 분량의 드레싱 재료를 모두 넣고 골고루 섞는다. 이때 생파슬리는 잘게 다져 넣는다.

4. 볼에 준비한 모든 샐러드 재료를 담고, ③의 드레싱을 넣고 잘 섞어 완성한다.

Pomegranate Salad

VG(채식)

WF(NO 밀가루)

GF(NO 글루텐)

○ 석류 샐러드 ○

빨갛고 작은 보석같이 반짝거리는 석류는 새콤한 맛이 좋고 샐러드를 더 돋보이게 합니다. 단단한 겉껍질로 쌓여있는 석류를 반으로 자르고, 가득 찬 알맹이를 조심스럽게 꺼내 모아 일부는 샐러드 토핑으로 일부는 드레싱으로 만들었어요. 알맹이는 한 번에 모두 꺼내 밀폐용기에 담아 두고 먹으면 편하답니다. 오래 보관 하고 싶으면 냉동해서 사용해도 좋아요.

ingredients

(1인분)
석류·사과 1/2개씩, 적양파 1/4개, 샐러드 채소믹스 100g, 구운 피칸 30g, 비건 치즈 약간(선택)

석류 드레싱 |
석류 과육 1/4컵, 엑스트라 버진 올리브오일 3큰술, 레몬 식초·알룰로스 1큰술씩, 소금 약간

how to

1. 석류는 반으로 잘라 껍질을 벗기고 과육을 발라낸다. 사과는 깨끗이 씻어서 씨를 발라내고 껍질째 얇게 썬다. 적양파도 얇게 썬다.
2. 샐러드 채소도 물에 깨끗이 씻은 뒤 물기를 뺀다.
3. 분량의 드레싱 재료를 모두 믹서기에 넣고 곱게 갈아 드레싱을 만든다.
4. 그릇에 석류, 사과, 샐러드용 채소를 모두 담고 구운 피칸과 비건 치즈를 얹은 뒤 ③에서 만든 드레싱을 곁들여 낸다.

Mango Berry Salad

○ 망고 베리 샐러드 ○

VG(채식)

LC(저탄수화물)

WF(NO 밀가루)

GF(NO 글루텐)

달콤한 열대과일의 대명사 망고! 제주도에서도 많이 나오는 애플망고에 상큼한 베리류의 과일을 곁들이면 더욱 맛있어요. 딸기, 블루베리, 블랙베리, 라즈베리 같은 과일은 제철에 다 모아 먹기 힘들기 때문에 냉동 과일을 사용했어요. 잘 익었을 때 냉동시킨 것들이라 꺼내서 가볍게 씻어 실온에 두면 금방 해동됩니다. 여러 가지 과일이 어우러져 상큼하고 달콤하게 즐기기 좋은 샐러드입니다.

ingredients

(1인분)
애플망고 1/2개, 샐러드 채소믹스 70g, 냉동 베리믹스 50g, 코코넛칩 20g

레몬 드레싱 |
레몬즙·메이플 시럽 1½큰술씩, 화이트와인 식초 1/2큰술, 레몬 제스트·후춧가루 약간씩, 소금 2꼬집, 엑스트라 버진 올리브오일 3큰술

how to

1 망고는 껍질을 벗기고 가운데 씨 부분을 피해 칼집을 내어 과육만 발라낸다. 발라낸 과육은 한입에 먹기 좋은 크기로 깍둑깍둑 썬다.

2 냉동 베리는 체에 밭쳐 물로 가볍게 흔들어 씻은 뒤 물기를 제거하고 그릇에 담아둔다.

3 샐러드용 채소는 물로 깨끗하게 씻고 물기를 뺀다. 분량의 드레싱 재료도 모두 볼에 담고 골고루 섞어 완성한다.

4 접시에 깨끗이 씻은 샐러드용 채소를 깔고 준비한 망고와 베리를 올린 뒤 코코넛칩을 올린다. 마지막으로 드레싱을 뿌려 완성한다.

Waldorf Salad

○ 월도프 샐러드 ○

- VG(채식)
- LC(저탄수화물)
- WF(NO 밀가루)
- GF(NO 글루텐)

월도프 샐러드는 사과와 호두를 마요네즈 소스에 버무려 만드는 클래식한 샐러드의 한 종류입니다. 셀러리를 넣어 셀러리 특유의 식감과 향을 더했고, 보기만 해도 예쁜 래디시를 넣어 아삭한 맛과 예쁨 둘 다 한 스푼 더했지요. 맛있게 구운 곡물빵과 잘 어울려요.

ingredients

(1인분)
사과 1개, 셀러리 1대, 양상추잎 2~3장, 래디시 1개, 구운 호두 3큰술

두유 마요네즈 드레싱 |
두유 마요네즈 4큰술(p.038 참조), 레몬즙 2작은술, 소금·후춧가루 약간씩

how to

1. 양상추는 먹기 좋게 뜯어서 찬물에 담갔다가 물기를 털어낸다. 사과와 셀러리, 래디시도 깨끗이 씻어서 준비한다. 사과는 껍질째 깍둑썰기한다, 셀러리는 1cm 두께로 썰고 래디시는 동그란 모양을 살려 얇게 썬다.
2. 볼에 손질해둔 사과, 셀러리, 호두, 래디시를 담고 분량의 드레싱 재료는 잘 섞어 준비한다.
3. 접시에 물기 뺀 양상추를 깔고 그 위에 드레싱에 버무린 샐러드를 담아낸다.

Potato Walnut Salad

VG(채식)

LC(저탄수화물)

WF(NO 밀가루)

GF(NO 글루텐)

○ 알감자 호두 샐러드 ○

보통 감자 샐러드는 삶아서 으깬 뒤 샌드위치 속 재료나 샐러드로 많이 사용하잖아요. 저는 알감자 모양의 느낌을 살려서 만들었어요. 두부를 이용해 만들어 단백질을 더한 두부마요네즈는 깔끔한 맛이 좋을거예요. 알감자 샐러드는 든든한 한 끼 식사가 되어 줄 것입니다. 알감자의 양을 줄여서 저탄수화물을 조절해서 드셔도 좋아요.

ingredients

(4인분)
알감자 300g, 완두콩 2큰술, 호두 10쪽 정도, 두부마요네즈 4큰술(p.036 참조), 소금 약간

how to

1 알감자는 깨끗이 씻는다. 너무 큰 것은 반으로 자른 뒤 끓는 물에 소금을 약간 넣고 완전히 익도록 10분 정도 삶는다.

2 감자가 거의 다 익으면 완두콩을 넣고 30초~1분 정도 파랗게 익을 정도로만 삶고 건져 물기를 뺀다.

3 볼에 익힌 감자와 완두콩, 호두를 넣고 만들어 둔 두부 마요네즈와 함께 골고루 섞어 완성한다.

Mini Cabbage Salad

○ 미니 양배추 샐러드 ○

VG(채식)

LC(저탄수화물)

WF(NO 밀가루)

GF(NO 글루텐)

미니 양배추는 '브뤼셀 스프라우트'라고 하는 채소로 벨기에 브뤼셀에서 옛날부터 재배되어오고 유럽에서 많이 먹는 채소입니다. 최근에는 한국에서도 미니 양배추를 쉽게 구할 수 있게 되었지요. 동글동글 귀여운 모양 덕분에 다양한 요리에 활용하기도 좋고 맛이 좋고 영양분도 많아 자주 사용되고 있는 채소랍니다. 구우면 단맛이 은은하게 올라와서 굽는 요리에 많이 활용하고 있어요. 여기에 고소한 캐슈너트를 구워서 곁들이면 그냥 먹어도 맛있는 따뜻한 샐러드가 됩니다. 고기 요리를 하는 날 곁들이기에도 좋아요. 두유로 만든 마요네즈에 곱게 간 검은깨를 더해 고소함을 배로 늘린 샐러드입니다.

INGREDIENTS (2인분)

미니 양배추 15개, 줄기콩 10개, 캐슈너트 한 줌, 올리브오일 2큰술, 소금·후춧가루 약간씩

검은깨 두유 드레싱 |
두유 마요네즈 4큰술(p.038 참조), 검은깨 가루·식초·알룰로스 1큰술씩

$\binom{how}{to}$

1

미니 양배추는 씻어서 겉의 지저분한 잎은 떼어 내고 너무 큰 것은 반으로 자른다. 줄기콩도 씻어서 반으로 자른다.

2

달군 팬에 올리브오일을 두르고 미니 양배추를 굽는다. 이때 중강불에서 겉면을 노릇하게 익히며 소금, 후춧가루를 가볍게 뿌린다. 미니 양배추의 겉면이 노릇하게 앞뒤로 익으면 줄기콩도 넣어 함께 익힌다.

· TIP ·

채식인이 아니라면 올리브오일 1큰술에 무염버터를 1큰술 정도 함께 녹여 구우면 풍미가 좋아요.

3

②를 1분 정도 익힌 뒤 접시에 담는다.

· TIP ·

약한 불에서 천천히 구우면 채소의 색이 누렇게 변하고 식감도 물러집니다. 조금 강한 불에서 채소의 색을 살리며 빠르게 구워주세요.

4

구운 채소 위에 구운 캐슈너트를 뿌리고 분량의 드레싱 재료는 모두 섞어서 곁들여 낸다.

Grilled Endive Salad

◦ 구운 엔다이브 석류 샐러드 ◦

VG(채식)

LC(저탄수화물)

WF(NO 밀가루)

GF(NO 글루텐)

엔다이브는 벨기에의 대표적인 상추입니다. 예전에는 우리나라에서 찾아보기 힘들었었는데 요즘에는 대형마트에서도 쉽게 구입할 수 있어요. 배추처럼 한 장 한 장 떼어서 먹어보면 아삭한 식감이 굉장히 좋아요. 보통 엔다이브를 한 장씩 떼어서 그 위에 다양한 재료를 올려 먹기도 하지요.

이 엔다이브를 올리브오일에 천천히 구우면 아삭한 식감은 줄어들고 부드러우면서 색다른 식감으로 즐길 수 있어요. 그래서 이 레시피에서는 그릴에 엔다이브를 굽고 상큼한 석류, 쌉쌀한 맛의 호두 드레싱과 곁들여 담백하게 즐길 수 있는 샐러드를 만들어 보았어요. 와인과 함께, 해산물과 함께 먹으면 좋은 샐러드입니다.

INGREDIENTS (2인분)

엔다이브 2포기, 래디시 2개, 석류 과육 3큰술, 호두 5~6쪽, 루콜라 약간, 올리브오일 1큰술, 소금·후춧가루 약간씩

| 호두 드레싱 |

다진 호두 1큰술, 화이트와인 식초 2큰술, 알룰로스 1½ 큰술, 호두 오일 3큰술, 소금·후춧가루 약간씩

how
to

1   엔다이브는 길게 반을 잘라 깨끗하게 씻어 물기를 탈탈 털어낸다. 루콜라도 물에 씻어서 물기를 빼둔다.

2   마른 팬에 호두를 올려 잘 저어가며 노릇하게 구워낸다.

3   그릴 팬 위에 기름을 살짝 바르고 썬 엔다이브를 올려 그릴 자국이 나도록 천천히 구워낸다.

4   석류는 속 알맹이만 골라내고, 래디시는 얇게 동그란 모양을 살려 썬다.

5   분량의 드레싱 재료는 모두 볼에 담고 골고루 섞어둔다.

6   접시에 구운 엔다이브를 먼저 담고, 그 위에 래디시, 석류, 호두, 루콜라를 올린다. 드레싱을 곁들여 완성한다.

Baked Potato Salad

○ 구운 감자 샐러드 ○

VG(채식)

WF(NO 밀가루)

GF(NO 글루텐)

보통은 감자를 삶아 으깨서 샐러드로 종종 즐기지요. 소개해 드리는 구운 감자 샐러드는 알감자처럼 작은 감자를 구워 포만감이 좋아요. 감자와 콜리플라워, 당근을 오븐에 천천히 구우면 채소가 가진 본연의 단맛이 올라와서 훨씬 맛있어요. 여기에 카레 맛 드레싱을 곁들이면 한 끼 식사로 충분할 거예요.

ingredients

(4인분)
알감자 500g, 콜리플라워 1/5개, 미니 당근 5개, 올리브오일 4큰술, 소금·후춧가루 약간씩, 어린잎 채소·호박씨 30g씩, 해바라기씨 20g

카레 마요 드레싱
두부마요네즈 4큰술(p.036 참조), 비건 카레 가루 1/2큰술, 알룰로스 1큰술, 레몬즙 2작은술

how to

1. 알감자는 깨끗이 씻어서 껍질째로 준비하고 너무 큰 것은 반으로 자른다. 오븐 트레이 위에 알감자를 올려 소금, 후춧가루를 뿌리고 올리브오일 2큰술을 뿌려 골고루 섞어 놓는다.

2. 콜리플라워는 먹기 좋은 크기로 잘라 씻고, 미니 당근도 너무 큰 것은 길이로 반을 썬다. 콜리플라워와 당근도 또 다른 오븐 트레이 위에 올려 소금, 후춧가루를 뿌리고 올리브오일 2큰술을 뿌려 골고루 섞어 놓는다.

3. 170℃로 예열한 오븐에 알감자를 넣고 15분 정도 굽다가 감자가 거의 익어갈 때쯤 준비한 콜리플라워와 당근도 넣어 같이 굽는다.

4. 당근과 감자가 노릇해지고 부드러워지도록 5~10분 정도 구운 뒤 오븐에서 꺼낸다.
TIP | 감자는 익는 시간이 느리므로 감자를 먼저 넣고 익히다가 나머지를 넣어 굽는다.

5. 분량의 드레싱 재료는 모두 볼에 담고 골고루 섞어 놓는다. 어린잎 채소도 물로 깨끗이 씻어 둔다.

6. 구운 감자, 콜리플라워, 감자를 볼에 담고 호박씨와 해바라기씨를 넣는다. 여기에 카레마요 드레싱을 넣고 함께 버무린다. 마지막에 어린잎 채소를 넣고 가볍게 섞어 완성한다.

Roasted Coli Salad

∘ 구운 콜리 샐러드 ∘

VG(채식)

LC(저탄수화물)

WF(NO 밀가루)

GF(NO 글루텐)

요즘에는 콜리플라워를 작게 잘라 밥 대용으로 사용하기도 하지만 콜리플라워를 주재료로 요리를 한다는 게 익숙하지 않잖아요. 소금과 후춧가루를 살짝 뿌린 뒤 올리브오일을 버무리듯 발라 오븐에 구우면 아삭하면서도 부드러운 식감이 살아있는 맛있는 콜리플라워가 된답니다. 여기에 고소한 땅콩 드레싱을 곁들이면 한 끼 식사로 손색없는 샐러드가 완성될 거예요.

INGREDIENTS (2인분)

콜리플라워 1/2통, 프릴라이즈(양상추) 150g,
구운 캐슈너트 · 올리브오일 2큰술씩,
비건 치즈 약간, 소금 1/4작은술, 후춧가루 약간

| 땅콩 드레싱 |

땅콩버터 · 엑스트라 버진 올리브오일 2큰술씩, 화이트와인 식초 · 알룰로스 1큰술씩, 소금 · 후춧가루 약간씩

$\begin{matrix} how \\ to \end{matrix}$

1. 콜리플라워는 먹기 좋은 크기로 잘라 씻는다.

2. 볼에 콜리플라워를 넣고 소금, 후춧가루로 가볍게 간을 한 뒤 올리브오일을 뿌려 버무리듯 섞어 올리브오일이 골고루 묻게 한다.

3. 오븐 팬 위에 콜리플라워를 고르게 펴서 올리고 170℃로 예열한 오븐에서 10분 굽는다.

4. 10분 뒤 콜리플라워를 꺼내 비건 치즈를 듬뿍 갈아 올린 뒤 다시 오븐에 넣고 150℃에서 3분 더 구워 꺼낸다.

5. 프릴라이즈는 씻어서 물기를 빼두고, 분량의 드레싱 재료는 모두 함께 볼에 담아 섞어둔다.

6. 접시에 프릴라이즈를 깔고 그 위에 구운 콜리플라워와 구운 캐슈너트를 뿌린 뒤 드레싱을 곁들여 완성한다.

Roasted Eggplant Salad

○ 구운 가지 샐러드 ○

VG (채식)

LC (저탄수화물)

WF (NO 밀가루)

GF (NO 글루텐)

가지는 기름을 넉넉히 두르고 굽거나 볶으면 맛이 좋아지기 때문에 굽거나 볶는 요리로 많이 활용하지요. 가지 샐러드는 보통 손님 초대 요리로 많이 내놓았던 메뉴에요. 어떻게 보면 요리 같지만 곁들이는 파프리카 드레싱의 아삭아삭한 식감이 부드럽게 익은 가지와 함께 어울려 느끼하지 않고 상큼함을 느낄 수 있는 샐러드랍니다. 팬에 넉넉히 기름을 두르고 약한 불에서 가지를 천천히 구우면 부드러운 식감에 반하실 거예요. 여기에서는 채식 메뉴라 올리브오일에만 구웠지만 올리브오일과 버터를 함께 녹여 구워보세요! 고소한 맛이 더 배가 되어 훨씬 맛있게 가지를 먹을 수 있을 거예요. 또 가지구이는 샐러드뿐만 아니라 밥 위에 올려서 덮밥으로 먹어도 훌륭하답니다.

INGREDIENTS (1인분)

어린잎 채소 30g, 가지(대) 1개,
올리브오일 2큰술, 소금·후춧가루 약간씩

| 파프리카 드레싱 |

빨강·노랑·초록 파프리카 다진 것 $1\frac{1}{2}$ 큰술씩, 다진 양파·다진 적양파·맛술·식초 1큰술씩, 크러쉬드 페퍼 1/2작은술, 한식재래 간장·엑스트라 버진 올리브오일 2큰술씩, 알룰로스 2작은술, 후춧가루 약간

how to

1 가지는 길게 3~4 등분 한 뒤 잘린 단면에 격자무늬로 칼집을 낸다.

2 달군 팬에 올리브오일을 두르고 가지를 올려 앞뒤로 노릇하게 굽는다. 이때 너무 센 불에서 구우면 겉면만 타기 때문에 약한 불에서 가지가 충분히 익도록 천천히 굽는다.

3 드레싱용 파프리카와 양파는 잘게 다진다.

4 나머지 드레싱 재료와 잘게 다진 채소를 함께 볼에 넣고 잘 섞는다.

5 접시에 구운 가지를 담고 어린잎 채소를 곁들인 뒤에 드레싱을 뿌려 낸다.

Roasted Root Vegetable Salad

○ 구운 뿌리채소 샐러드 ○

- VG (채식)
- LC (저탄수화물)
- WF (NO 밀가루)
- GF (NO 글루텐)

뿌리채소를 오븐에 넣어 구우면 채소 특유의 단맛이 더 올라와 평소에 좋아하지 않았던 채소들도 잘 먹게 되지요. 맛도 좋지만 보기에도 좋아서 손님 초대한 날 함께 곁들이는 사이드 메뉴로도 추천해드려요. 재료로 소개한 채소뿐만 아니라 감자, 마, 우엉 등도 함께 구워 먹으면 맛있어요.

ingredients

(2인분)
고구마 1개, 미니 당근 2~3개, 래디시 3개, 연근 1/3개, 비트 1개, 소금·후춧가루 약간씩, 올리브오일 2큰술, 로즈메리 1줄기

참깨 마요 드레싱 |
두부마요네즈 3큰술(p.036 참조), 한식재래간장·참기름 2작은술씩, 식초 1작은술, 알룰로스·간 참깨 1큰술씩

how to

1 모든 채소는 깨끗하게 씻어 물기를 빼 둔다.

2 고구마와 비트, 연근은 2㎝ 정도 두께로 동그란 모양을 살려 썰고, 미니 당근 큰 것은 길게 반을 갈라 준비한다. 래디시도 반으로 자른다.

3 오븐 팬 위에 준비한 채소를 펼쳐 올리고 소금, 후춧가루를 가볍게 뿌린 뒤 올리브오일을 붓으로 바르거나 스프레이로 뿌린다. 그 위에 로즈메리 줄기를 얹어준다.

4 160~170℃로 예열한 오븐에 오븐 팬을 넣고 재료의 겉면이 노릇해지도록 13~15분 정도 구워낸다.

5 분량의 참깨 드레싱 재료는 모두 볼에 담고 섞은 뒤 ④의 구운 채소에 곁들여 낸다.

Fried Lotus
Root Salad

VG(채식)

WF(NO 밀가루)

GF(NO 글루텐)

○ 연근 튀김 샐러드 ○

영양 가득한 연근을 얇게 썰어서 튀겨낸 연근 칩으로 만든 샐러드에요. 오직 연근만 얇게 썰어 튀겨서 바삭함도 좋고 연근 특유의 향이 가득해서 건강한 간식으로 즐기기에 좋답니다. 바삭하게 튀긴 연근과 얇게 채를 썬 양배추의 조합이 맛과 비주얼은 물론 정성스러운 요리를 준비한 것 같아 초대요리로 내놓기에도 좋답니다.

ingredients

(4인분)
양배추 300g, 연근 1/2개, 튀김기름 적당량

미소 된장 드레싱 |
미소 된장 2작은술, 두부마요네즈 (p.036 참조)·사과주스 2큰술씩, 알룰로스 1큰술, 엑스트라 버진 올리브오일 1/2큰술

how to

1 양배추는 최대한 얇게 채를 썬 뒤 찬물에 잠시 담갔다가 깨끗이 씻어 물기를 뺀다.
2 연근은 껍질을 벗기고 얇게 썰어둔다.
3 170℃로 예열한 튀김기름에 손질해둔 연근을 넣고 바삭하게 튀겨낸다.
4 분량의 드레싱 재료는 모두 볼에 담고 골고루 섞어둔다.
5 그릇에 채를 썬 양배추를 담고 그 위에 드레싱을 넉넉히 뿌린 뒤 튀긴 연근을 올려 낸다.

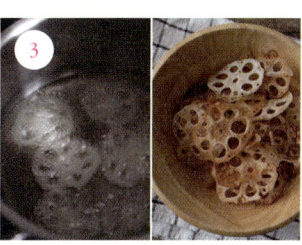

Chick beans Corn Salad

VG(채식)

WF(NO 밀가루)

GF(NO 글루텐)

○ 병아리콩 콘 샐러드 ○

콘 샐러드에 영양을 더하기 위해 단맛이 강한 완두콩과 고소함이 좋은 병아리콩을 넣으면 훨씬 풍부한 맛이 난답니다. 아삭한 파프리카와 양파를 넣어서 상큼한 맛까지 더한 고급스러운 느낌의 콘 샐러드에요. 잘 구운 바게트에 곁들여 먹으면 고급스러운 토스트를 먹는 것 같은 기분이 들 거에요.

ingredients

(4인분)
옥수수 통조림 200g, 삶은 병아리콩 100g, 삶은 완두콩 40g, 빨간 파프리카 1/4개, 적양파 1/6개, 생파슬리 약간

홀그레인머스터드 드레싱 |
두부마요네즈 4큰술(p.036 참조), 알룰로스 2큰술, 레몬즙 1큰술, 홀그레인머스터드 2작은술, 소금·후춧가루 약간씩

how to

1 옥수수 통조림은 체에 밭쳐 물기를 뺀다.(물기를 완전히 빼지 않으면 샐러드가 질척거리므로 물기를 완전히 빼도록 한다.) 병아리콩과 완두콩은 완전히 익도록 삶아서 준비한다. 파프리카, 적양배추는 옥수수알 크기로 다지듯 썬다.

2 분량의 드레싱 재료는 모두 볼에 담고 골고루 섞어서 준비한다.

3 볼에 준비한 모든 샐러드 재료를 넣고 ②에서 만든 드레싱을 넣어 잘 섞는다. 마지막에 생파슬리를 잘게 다져 넣고 섞어 완성한다.

Coleslaw Salad

○ 코울슬로 샐러드 ○

- VG(채식)
- LC(저탄수화물)
- WF(NO 밀가루)
- GF(NO 글루텐)

코울슬로는 양배추를 얇게 채 썰어 마요네즈 소스에 버무린 샐러드랍니다. 보통은 그냥 먹기보다는 치킨이나 립 등의 고기 요리에 곁들여 먹는 샐러드로 많이 생각하지요. 그렇지만 달큰한 양배추를 맛있는 드레싱에 버무려 두면 간식으로 먹기도 좋답니다. 다른 것 없이 맛있는 빵 사이에 넣어 먹어도 별미고요. 오늘 만드는 코울슬로는 마요네즈가 부담스러운 분들을 위해 두유마요네즈로 드레싱을 만들었답니다. 그래서 채식을 하시는 분들도 거리낌 없이 먹을 수 있는 샐러드에요. 두유로 만든 드레싱이라서 느끼하지 않고 담백한 맛이 좋아 채식을 하지는 않지만 가끔씩 만들어 두고 먹는답니다. 집에서 만드는 마요네즈라서 오래 보관하기는 힘드니 1주일 정도 먹을 분량만 만들어서 두고 드시기를 추천해요!

INGREDIENTS (4인분)

양배추 300g, 당근 30g, 건포도(혹은 크랜베리) 2큰술, 소금 1/2작은술

두유 마요네즈 드레싱 |
두유 마요네즈 5큰술(p.038 참조), 두유 그릭 요거트(p.042 참조)·화이트와인 식초·알룰로스 1큰술씩, 소금·후춧가루 약간씩

how
to

1   양배추는 곱게 채를 썰어서 씻은 뒤 물기를 뺀다. 당근도 곱게 채를 썬다.

2   채를 썬 양배추와 당근을 볼에 담고 소금을 넣어 잘 섞은 뒤 10분 정도 절인다. 절인 채소는 가볍게 눌러 물기를 짠 뒤 다시 볼에 담는다.

3   분량의 두유마요네즈 드레싱 재료를 골고루 섞는다.

4   볼에 절인 채소와 드레싱, 건포도(혹은 크랜베리)를 넣고 잘 섞어 완성한다.

· TIP ·
코울슬로는 만든 뒤 바로 먹는 것보다 냉장고에 반나절 정도 두었다가 먹으면 훨씬 맛있다.

Braised Cabbage Salad

○ 배추찜 샐러드 ○

VG(채식)

LC(저탄수화물)

WF(NO 밀가루)

GF(NO 글루텐)

고소한 알배기 배추를 찜기에 쪄서 샐러드로 만들어 보세요. 부드럽게 익은 알배추의 단맛이 더욱 우러나오고 식감은 부드러워서 부담 없이 드실 수 있는 샐러드입니다. 대파와 마늘, 고추 등에 들기름을 듬뿍 넣어 자칫 밋밋할 수 있는 샐러드에 알싸한 맛도 더했습니다. 고기와 곁들여도 좋고 가벼운 한 끼 식사로 먹어도 좋아요.

ingredients

(2인분)
알배추 1/2통

고추 드레싱 |
한식재래간장·물·송송 썬 쪽파 2큰술씩, 맛술·다진 양파·들기름 1큰술씩, 식초·알룰로스 1½ 큰술씩, 빨간·초록 청양고추 1/2개씩

how to

1. 알배추는 4등분 한 뒤 1/2통만 사용한다. 물에 깨끗하게 씻은 뒤 물기를 뺀다.
2. 김 오른 찜기에 배추를 올리고 뚜껑을 덮어 4~5분 정도 찐다. 5분 뒤 불을 끄고 뚜껑을 열어 그대로 둔다.
3. 분량의 드레싱 재료는 모두 볼에 담고 골고루 섞어둔다. 이때 양파는 다지고 쪽파와 고추는 송송 썰어 넣는다.
4. 한 김 식은 배추는 3~4등분 한다.
5. 접시에 배추를 담고, 그 위에 드레싱을 뿌려 완성한다.

Buckwheat Noodles Salad

VG(채식)

WF(NO 밀가루)

GF(NO 글루텐)

○ 메밀국수 샐러드 ○

메밀국수에 간장양념, 들기름, 김가루를 얹어서 먹는 소박한 음식인 들기름 막국수를 샐러드처럼 만들었어요. 아무래도 막국수만 먹으면 탄수화물만 많이 먹게 되기 때문에 다양한 채소를 곁들여 균형 있는 식사를 할 수 있도록 만들었답니다. 이 샐러드를 만들 때는 꼭! 볶지 않은 생들기름으로 만드는 걸 추천해요. 생들기름의 볶지 않은 깔끔한 맛과 향이 샐러드와 잘 어울린답니다.

ingredients

(1인분)
메밀국수 80g, 유럽 샐러드 채소 30g, 방울토마토 5개, 래디시 1개, 빨강·노랑 파프리카 1/5개씩, 김가루 약간

들기름 간장 드레싱 |
한식재래간장 2½ 큰술, 맛술·알룰로스 2작은술씩, 들기름 3큰술, 검은깨가루 약간

how to

1 샐러드 채소는 물로 깨끗이 씻고 물기를 털어낸 뒤 먹기 좋은 크기로 썬다. (상추를 사용해도 좋지만, 유럽 스타일의 채소가 더 부드러워서 좋다.)

2 파프리카는 깍둑깍둑 썰고 래디시는 동그란 모양을 살려 썬다. 방울토마토는 반으로 자른다.

3 분량의 드레싱 재료는 모두 볼에 담고 골고루 섞어둔다.

4 끓는 물에 메밀국수를 넣어 삶는다. 국수가 완전히 익도록 삶은 뒤 찬물에 헹궈 그릇에 담는다.

5 국수 옆에 나머지 채소를 담고 김가루를 뿌린 다음 드레싱을 곁들여 낸다.

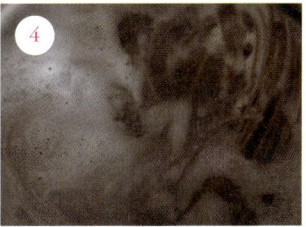

Basil Festo Pasta Salad

VG(채식)

○ 바질 페스토 파스타 샐러드 ○

바질 페스토는 향긋하고 진한 바질의 향과 질 좋은 올리브오일, 고소한 잣, 감칠맛 나는 치즈 등 좋은 재료가 어우러져 이 소스는 한번 맛보면 중독이 될 정도랍니다. 키친콤마에서는 이 바질 페스토의 최고 비율을 찾기 위해 많은 시도를 했습니다. 여러 번의 시도와 실패 끝에 완성된 최상의 맛을 내는 바질 페스토는 키친콤마에서 많은 분들께 사랑받고 있는 아이템이랍니다. 바질 페스토를 만들 때는 바질을 씻은 뒤 물기를 최대한 털어내야 하고 바질의 잎을 한 장 한 장 떼어 최대한 줄기가 들어가지 않아야 맛이 좋아요. 잎을 한 장씩 떼어 낸다는 게 말처럼 쉽지는 않지만, 그 맛의 차이는 결과물에서 확연히 드러나니 줄기를 떼는 일을 생략하지 않습니다. 한 번에 많은 양을 만들기보다는 일주일 정도 먹을 분량을 만드는 게 좋아요. 많이 만들었다면 한 번 먹을 분량씩 작은 용기에 소분한 뒤 윗면이 공기와 닿지 않게 올리브오일을 넉넉히 뿌리고 냉동실에 보관해서 드시면 됩니다. 이렇게 해야 맛과 향을 잃지 않아요. 다른 것 필요 없이 이 페스토 하나면 되는 파스타를 샐러드로 즐겨보세요.

ingredients

(1인분)
푸실리·샐러드 채소 50g씩, 방울토마토 5~6개, 바질 페스토 2큰술 (p.032 참조), 비건 치즈·소금 약간씩

how to

1. 푸실리는 끓는 물에 약간의 소금을 넣고 삶은 다음 체에 밭쳐 물기를 빼고 식힌다.
2. 샐러드 채소는 씻어서 물기를 빼고 방울토마토는 꼭지를 떼고 반으로 자른다.
3. 볼에 삶은 푸실리와 바질 페스토 4~5큰술 정도를 취향껏 넣고 골고루 섞는다.
4. 접시에 손질해 둔 샐러드 채소와 토마토, 바질 페스토와 섞은 파스타를 담은 뒤 비건 치즈를 갈아서 솔솔 뿌려 완성한다.

Couscous Salad

○ 쿠스쿠스 샐러드 ○

VG(채식)

쿠스쿠스는 아주 작은 좁쌀 모양의 파스타예요. 마치 곡물처럼 생겼지만, 외국에서 흔히 사용하는 파스타 종류랍니다. 쿠스쿠스는 보통 스튜에 넣어 먹기도 하고 샐러드로도 많이 활용해요. 보통의 파스타처럼 삶아서 충분히 익힌 뒤에 샐러드에 넣어 먹으면 씹는 식감도 좋고 무엇보다 포만감이 좋아서 식사 대용 샐러드에 많이 넣어 먹는답니다. 여기에서는 쌉쌀하면서도 상큼한 자몽 드레싱을 곁들여 담백하면서도 맛있는 샐러드를 만들어 보았어요.

INGREDIENTS (2인분)

쿠스쿠스 50g, 로메인 2포기 정도, 오이 1/4개, 빨강·초록 파프리카 1/4개씩, 방울토마토 5~6개, 찐 옥수수 1/3개, 소금 약간

| 자몽 드레싱 |

자몽 1/4개, 양파 1/6개, 디종머스터드 1/2작은술, 화이트발사믹 식초 1큰술, 알룰로스·엑스트라 버진 올리브오일 2큰술씩, 소금·후춧가루 약간씩

how to

1 자몽은 속 껍질을 벗기고 과육만 믹서기에 넣는다. 분량의 드레싱 재료를 모두 믹서기에 함께 넣고 곱게 갈아 드레싱을 만든다.

2 쿠스쿠스는 끓는 물에 약간의 소금을 넣고 5~6분 정도 삶은 뒤 체에 밭쳐 물기를 뺀다.

3 로메인은 물에 깨끗하게 씻어서 물기를 빼고 1㎝ 정도의 두께로 자른다.

4 방울토마토는 반으로 자르고 오이, 파프리카는 깍둑 썰기한다. 찐 옥수수는 과육만 칼로 발라낸다.(혹은 통조림 옥수수를 사용해도 좋다.)

5 볼에 준비한 채소와 삶은 쿠스쿠스를 담고, 드레싱을 뿌린 뒤 가볍게 버무려 접시에 담아낸다.

Lentils Mushroom Salad

○ 렌틸콩 버섯 샐러드 ○

- VG(채식)
- LC(저탄수화물)
- WF(NO 밀가루)
- GF(NO 글루텐)

버섯은 단백질을 비롯해 영양소가 풍부해서 반찬으로도 잘 먹는 재료인데요. 버섯 중에서도 양송이버섯의 단백질 함량이 가장 높다고 해요. 양송이버섯은 주로 수프 재료로 많이 사용하거나 구워먹기도 좋아요. 또한 양송이버섯을 발사믹 글레이즈에 볶으면 고기를 먹는 것처럼 쫄깃하고 맛있어서 반찬으로도 먹고, 샐러드에도 많이 활용하는 편이에요. 여기에 렌틸콩을 삶아 함께 볶으면 고소함이 배가 되어 더 건강한 샐러드가 됩니다.

Ingredients (1인분)

샐러드 채소 100g, 양송이버섯 7개, 렌틸콩 20g, 적양파 15g, 발사믹 글레이즈 1½ 큰술, 소금·후춧가루·파슬리 약간씩, 올리브오일 2큰술

발사믹 드레싱

발사믹 식초·다진 양파 2큰술씩, 레몬즙·알룰로스(혹은 꿀) 1큰술씩, 소금 1/6작은술, 후춧가루 약간, 엑스트라 버진 올리브오일 3큰술

how to

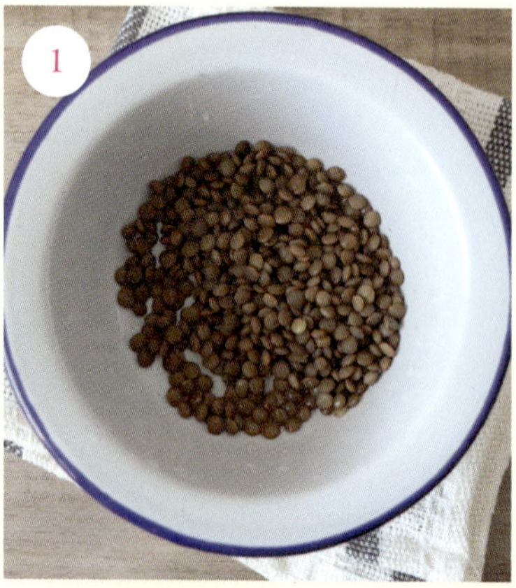

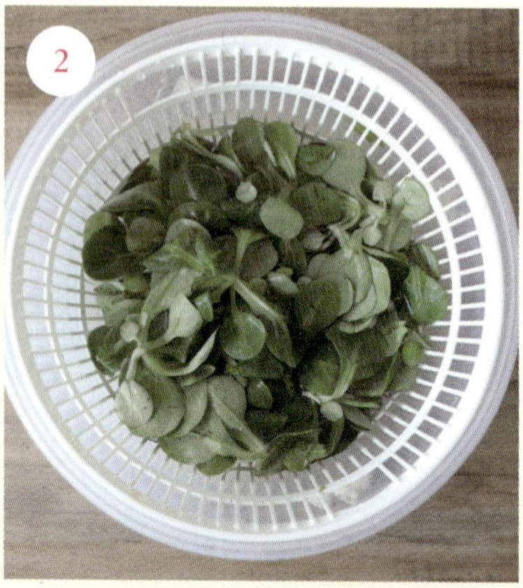

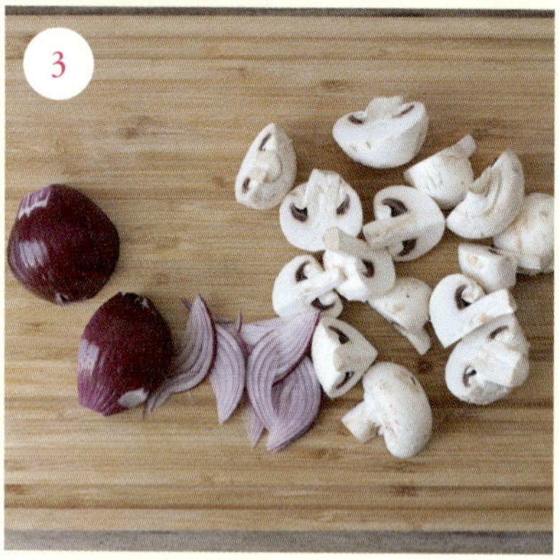

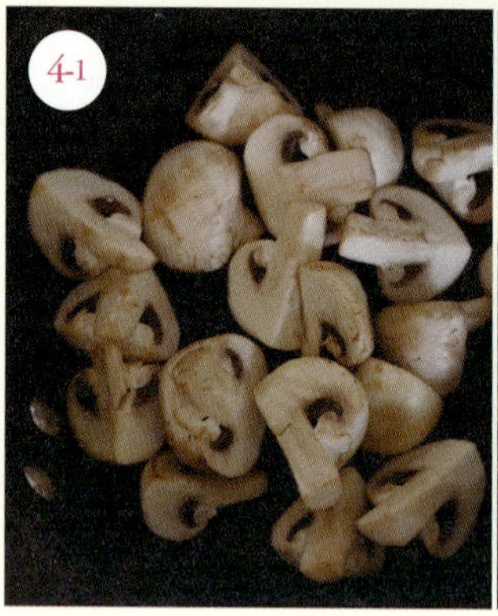

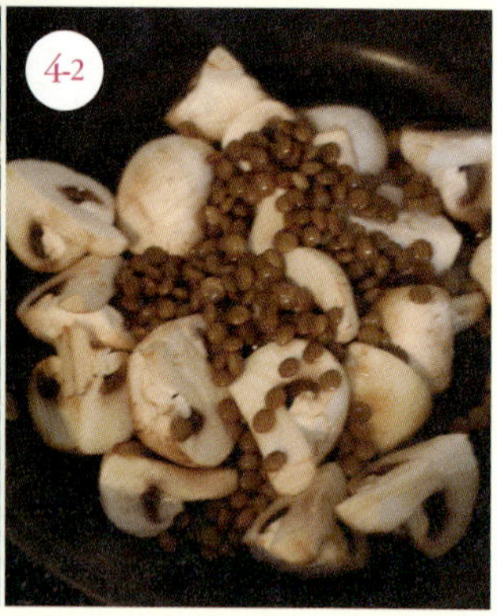

1 렌틸콩은 씻은 뒤 3배 정도의 물을 붓고 30분 정도 삶아 체에 밭쳐 물기를 뺀다.

2 샐러드 채소는 씻어서 물기를 빼둔다.

3 양송이버섯은 큰 것은 4등분 하고, 작은 것은 2등분 한다. 적양파는 얇게 채를 썬다.

4 달군 팬에 올리브오일을 두르고 양송이버섯을 넣어 볶는다. 버섯이 부드러워지면 삶은 렌틸콩도 넣어 같이 볶는다.

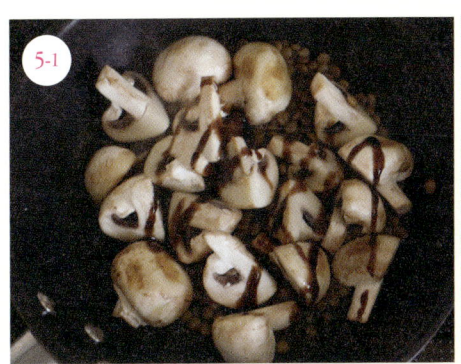

5   소금과 후춧가루, 발사믹 글레이즈도 팬에 넣어 물기가 생기지 않도록 센 불에서 빠르게 볶는다. 마지막에 잘게 자른 파슬리를 넣어 살짝 섞는다.

6   분량의 드레싱 재료는 볼에 모두 담고 골고루 섞어 완성한다.

7   접시에 샐러드 채소를 깔고 볶은 양송이버섯을 담은 뒤 드레싱을 얹어 완성한다.

Quinoa Fig Salad

○ 퀴노아 무화과 샐러드 ○

VG(채식)

WF(NO 밀가루)

GF(NO 글루텐)

가끔은 너무 풀 향 짙은 샐러드보다는 고소한 맛으로 편하게 먹을 수 있는 샐러드가 더 당길 때가 있거든요. 그럴 때는 이렇게 몇 가지 채소 혹은 과일과 병아리콩, 완두콩, 퀴노아 등을 섞어서 올리브오일을 듬뿍 넣은 드레싱에 버무려 먹어요. 가을에는 제철 과일인 무화과를 잔뜩 넣어 먹으면 무화과의 향과 부드러운 과육이 잘 어우러져 더 맛있게 드실 수 있어요. 무화과 말고도 제철 과일을 넣어 먹어도 좋아요.

ingredients

(2인분)
삶은 퀴노아 50g, 무화과 3~4개, 오이 1/4개, 셀러리 40g, 적양파 1/4개, 삶은 병아리콩과 완두콩 1/3컵 정도

고수 드레싱 |
화이트와인 식초 2큰술, 알룰로스 1½큰술,
엑스트라 버진 올리브오일 3큰술, 소금 1/4작은술,
후춧가루 약간, 다진 고수 1줄기

how to

1 퀴노아는 삶아서 체에 밭쳐둔다.
2 병아리콩과 완두콩은 완전히 익도록 푹 삶아 준비한다. 오이와 적양배추는 콩 크기로 깍둑깍둑 썰고, 셀러리도 작은 사이즈로 썬다.
3 무화과는 4~6등분 한다, 고수는 잘게 다진다.
4 분량의 드레싱 재료는 모두 볼에 담고 골고루 섞는다.
5 볼에 준비한 모든 재료를 담고 ④의 드레싱과 섞어 완성한다.
   TIP | 고수를 좋아한다면 고수를 듬뿍 넣고, 싫어한다면 파슬리로 대체해도 좋아요.

Soft Tofu Salad

○ 순두부 샐러드 ○

- VG (채식)
- LC (저탄수화물)
- WF (NO 밀가루)
- GF (NO 글루텐)

순두부는 워낙에 부드럽고 맛있어서 샐러드의 단골 재료로 사용되는 식품이죠. 개인적으로도 순두부를 좋아해서 냉장고에 쟁여두는 식재료 중에 하나에요. 요즘에는 식사 대용으로 나오는 순두부도 많아서 레시피에 사용한 튜브 모양의 순두부 대신 다른 모양의 순두부를 사용해도 괜찮아요. 순두부가 생각보다 쉽게 부스러지지 않아 만들기 어렵지 않을 거예요. 향긋한 깻잎과 상큼함을 더해줄 방울토마토를 곁들이면 한 끼 식사로도 만족스러울 거예요.

ingredients

(2인분)
순두부 1봉, 어린잎 채소 50g, 깻잎 5장, 방울토마토 5~6개

마늘 참깨 드레싱
한식재래간장·마늘 오일 2큰술씩(아래 참조), 식초·알룰로스 1큰술씩, 다진 마늘·참깨 1작은술씩

마늘 오일
마늘 10쪽, 올리브오일 1컵
팬에 올리브오일을 넣고 편으로 썬 마늘을 넣어 약한 불에서 가볍게 끓인다. 기름이 따뜻하게 데워지면 불을 끄고 유리용기에 담아 사용한다.

how to

1. 순두부는 겉껍질에 칼집을 내어 조심스럽게 꺼낸 뒤 동그란 모양을 살려 썬다.
2. 어린잎 채소는 물로 씻고 물기를 뺀다.
3. 방울토마토는 반으로 자르고 깻잎은 얇게 채를 썬다.
4. 분량의 드레싱 재료는 모두 볼에 담고 골고루 섞는다.
5. 접시에 어린잎 채소를 담고 그 위에 순두부를 올린다. 깻잎과 방울토마토를 곁들인 뒤에 드레싱을 뿌려 완성한다.

Tofu Noodles Salad

◦ 면두부 샐러드 ◦

VG(채식)

LC(저탄수화물)

WF(NO 밀가루)

GF(NO 글루텐)

면두부는 두부의 수분을 쫙 빼서 얇게 만든 뒤 면처럼 만든 제품이에요. 면처럼 만들어진 두부라서 일반 밀국수나 쌀국수보다 탄수화물 양은 적고 단백질은 많이 들어있어서 다이어트, 건강식으로 인기가 많아요. 국수나 볶음면 등의 요리는 탄수화물이 많아서 다이어트 중에 꺼리게 되는데, 면두부를 이용하면 면을 먹는 느낌이지만 두부라서 부담 없이 먹을 수 있거든요. 그래서 저도 샐러드나 다양한 요리에 이 면두부를 많이 활용한답니다.

여기서는 두부로 볶음면을 만들어 샐러드에 곁들이는 레시피를 소개해 드려요. 두부를 간장소스에 볶아서 달콤짭짤하면서도 샐러드를 곁들여 담백하게 먹을 수 있답니다. 여기서는 채식하는 분들도 드실 수 있도록 버섯과 함께 만들었지만 소고기나 새우 등을 함께 볶아 만들어도 좋아요.

INGREDIENTS (1인분)

면두부 1팩, 샐러드용 채소 50g, 줄기콩 4개, 양송이버섯 2개, 래디시 1개, 양파 1/5개, 당근 20g, 올리브오일 1큰술

볶음 소스 |
한식재래간장·알룰로스 1큰술씩, 굴소스 1작은술, 다진 마늘 1/2작은술, 후춧가루 약간

오리엔탈 드레싱 |
한식재래간장 3큰술, 맛술·식초·다진 양파 1큰술씩, 레몬즙 1작은술, 알룰로스 1½큰술, 다진 마늘 1/2작은술, 참기름 2큰술, 검은깨 약간

how to

1   분량의 드레싱 재료는 모두 볼에 담고 골고루 섞는다. 양파와 마늘은 잘게 다져 넣는다.

2   면두부는 흐르는 물에 씻고 채에 받쳐 물기를 뺀다. 샐러드용 채소는 물에 씻은 뒤 물기를 뺀다.

3   볶음 소스 재료를 볼에 담고 골고루 잘 섞어둔다.

4   양파와 당근은 채를 썰고 줄기콩은 2~3등분 한다. 양송이는 저미고 래디시도 얇게 썬다.

5   달군 팬에 오일을 두르고 양송이버섯을 넣어 볶는다. 양송이버섯이 부드러워지면 양파와 줄기콩도 넣어 가볍게 볶는다.

6   양파가 투명해지면 면두부를 함께 넣어 볶다가 준비한 분량의 볶음 소스를 넣어 볶는다.

7   그릇에 준비한 샐러드 채소를 담고 드레싱을 뿌린 뒤 그 위에 볶은 면두부와 준비한 재료를 모두 올려 샐러드를 완성한다.

Salad

LESSON 2
리치하게 먹고 싶은 날에

부드럽고 풍성한 샐러드 한 끼
|채소, 과일, 통곡물+달걀, 유제품|
락토오보 베지테리언(달걀/유제품 섭취)

채소를 충분히 섭취하면서 건강을 위해 체중을 조절하시는 분들에게 유용하도록 될 수 있으면 당분 함량이 적은 딸기, 블루베리, 자몽 등의 과일과 제철 과일을 소량 사용하고 달걀과 유제품인 치즈, 요거트 등을 이용하여 더욱 풍성하고 맛있는 샐러드를 즐길 수 있도록 다양한 조리법을 소개합니다. 부드럽고 리치한 맛의 식사를 하고 싶은 날에는 채소와 제철 과일, 통곡물과 달걀과 치즈 같은 유제품을 곁들인 샐러드 식사를 해보세요.

※ 재료 중 달걀이 들어간 것을 제외하고 치즈, 요거트를 각각 비건 치즈, 두유 요거트 (p.042 참조)로 대체하면 비건 레시피로도 즐길 수 있어요.
　재료 소개 부분에 '비건 레시피'로 대체 하는 표시를 해두었습니다.

Strawberry Ricotta Cheese Salad

○ 딸기 리코타 치즈 샐러드 ○

- VG(채식)
- LC(저탄수화물)
- WF(NO 밀가루)
- GF(NO 글루텐)

딸기의 계절이 되면 마트와 시장에 딸기가 깔리기 시작합니다. 그러면 딸기를 그냥 지나칠 수가 없어 예쁘고 과즙 가득한 딸기를 꼭 하나씩 장바구니에 담아 집으로 돌아오게 됩니다. 딸기는 우리 나라가 제일 맛있는 것 같아요. 그냥 먹어도 맛있는 딸기이지만 샐러드로 더 풍성하게 즐겨보세요. 딸기의 계절이 오면 잊지말고 꼭 만들어 보시길 추천합니다.

INGREDIENTS (2인분)

딸기 100~120g, 루콜라 50g, 리코타 치즈 5큰술 정도, 그라나파다노 치즈 약간
선택 | 페스트리 시트 1장(쇼핑몰에서 구입 가능)
* **비건 레시피** | 리코타 치즈/그라나파다노 치즈 → 비건 치즈로 교체

메이플 발사믹 드레싱 |
엑스트라 버진 올리브오일 2큰술, 발사믹 식초 3큰술, 메이플시럽 1큰술, 레몬즙 1/2큰술, 소금·후춧가루 약간씩

how to

1

딸기는 깨끗이 씻어서 물기를 빼고 꼭지는 자른 뒤 먹기 좋게 2~4등분 한다. 루콜라는 물에 깨끗이 씻은 뒤 스피너에 넣고 돌려 물기를 뺀다.

2

분량의 드레싱 재료는 모두 볼에 담고 골고루 섞는다.

3

샐러드를 접시에 담고 드레싱을 곁들여 낸다.

통밀 페스트리 시트 사용시

1   통밀 페스트리 시트를 구입할 수 있다면 그릇 대용으로 사용해보자. 페스트리 시트는 원하는 사이즈로 잘라 가운데 부분에 포크로 구멍을 촘촘히 낸 뒤 170℃로 예열한 오븐에서 10분 정도 구워 한 김 식힌 뒤 사용한다.

2   페스트리 시트 위에 루콜라를 깔고 그 위에 손질한 딸기를 올린다. 리코타 치즈를 숟가락으로 떠서 듬성듬성 올린 뒤 그라나파다노 치즈 가루를 뿌려 완성한다.

Baked Banana Salad

VG(채식)

WF(NO 밀가루)

GF(NO 글루텐)

◦ 구운 바나나 샐러드 ◦

바나나는 그냥 먹어도 좋지만, 버터를 두른 팬에 천천히 구우면 단맛이 더 올라와 훨씬 맛있어진답니다. 바나나를 버터에 구워 조금 더 특별하게 맛을 끌어올린 샐러드입니다. 여기에 블루베리를 곁들여 텁텁하지 않고 상큼한 맛까지 더했답니다. 평범한 재료로 만드는 특별한 샐러드를 즐겨보세요.

ingredients

(2인분)

바나나 2개, 어린잎 채소·블루베리 50g씩, 라디치오 약간, 구운 아몬드 10개, 무염버터 1조각(약 10g)

땅콩버터 드레싱 |

무설탕 땅콩버터 2큰술, 플레인 요거트 1큰술, 레몬즙 1작은술, 화이트와인 식초 2작은술, 알룰로스 1큰술(설탕이 들어간 땅콩버터 사용시: 1작은술), 소금 1꼬집, 엑스트라 버진 올리브오일 1큰술

* 비건 레시피 |

플레인 요거트 → 두유 플레인 요거트 대체
무염버터 → 비건 버터 대체

how to

1. 분량의 땅콩버터 드레싱 재료는 모두 볼에 담고 골고루 섞어둔다.
   TIP | 땅콩버터는 될 수 있으면 설탕을 넣지 않은 것을 사용하고 만약 단맛이 첨가되었다면 알룰로스의 양을 취향껏 조절한다.

2. 바나나는 잘 익은 것으로 골라 껍질을 벗기고 세로로 반을 자른다.(너무 길어서 굽기 어렵다면 먹기 좋은 크기로 잘라도 좋다.)

3. 팬을 약하게 데우고 무염버터를 녹인다. 버터가 타지 않게 녹인 뒤 바나나를 올려 앞뒤로 노릇하게 구워낸다.

4. 샐러드 채소는 깨끗이 씻어서 물기를 빼고 블루베리도 씻어 둔다. 아몬드는 적당히 칼로 자른다.

5. 모든 샐러드 재료를 접시에 담고, 드레싱을 곁들여 낸다.

Grilled Cheese And Quinoa Salad

○ 구운 치즈와 퀴노아 샐러드 ○

WF(NO 밀가루)

GF(NO 글루텐)

구워 먹는 치즈는 치즈의 수분을 많이 빼서 열을 가해도 잘 녹지 않고 형태는 유지하면서 식감은 부드러워지는 치즈입니다. 그래서 구워 먹으면 보통의 치즈와는 또 다른 식감과 맛을 가지게 되지요. 이 치즈는 보통 구워서 간식으로 많이 먹는데 샐러드에 올려 먹어도 좋아요. 특별한 재료 필요 없이 잘 익은 아보카도와 수란을 곁들여 만들면 됩니다. 여기에 삶은 퀴노아를 넣어 곡물의 고소함을 더했어요. 수란을 톡 터트려 부드럽고 진한 노른자와 함께 먹으면 더욱 맛있는 한 끼가 될 거예요.

INGREDIENTS (1인분)

루콜라 70g, 구워 먹는 치즈 50g, 아보카도 1/2개, 수란 1개(p.140 참조), 삶은 퀴노아 30g

| 랜치 드레싱 |

생크림·두부마요네즈 2큰술씩(p.036 참조), 갈릭 파우더 1/2작은술, 다진 양파·레몬즙 1큰술씩, 꿀 2작은술, 소금·후춧가루 약간씩

$$\begin{array}{c}\text{how}\\\text{to}\end{array}$$

1

퀴노아는 삶아서 준비한다. 루콜라는 물에 깨끗이 씻어서 물기를 뺀다.

2

분량의 드레싱 재료는 모두 볼에 담고 골고루 섞어둔다.

3

구워 먹는 치즈는 먹기 좋은 크기로 잘라 그릴 팬에 올려 중약불에서 타지 않게 천천히 굽는다. 그릴 자국이 나고 치즈가 전체적으로 부드러워질 때까지 굽는다.

4

아보카도는 껍질과 씨를 제거하고 과육을 얇게 썬다.

5

그릇에 루콜라를 담고 그 위에 준비한 아보카도, 수란, 구운 치즈, 퀴노아를 올린 뒤 만들어 둔 드레싱을 곁들여 낸다.

Grilled Brie Cheese Salad

LC(저탄수화물)

WF(NO 밀가루)

GF(NO 글루텐)

◦ 구운 브리치즈 샐러드 ◦

브리치즈는 프랑스의 브리 지방에서 만들어지는 치즈입니다. 깊고 부드러운 맛과 자극적이지 않은 맛으로 치즈의 여왕이라고 불리기도 하죠. 이 브리치즈는 그냥 먹어도 맛있지만, 오븐에 구워 더 부드럽게 만든 뒤 견과류, 달콤한 꿀과 함께 먹으면 훨씬 맛있게 드실 수 있어요.

ingredients

(2인분)
브리치즈 1개, 루콜라 50g, 사과 1/2개, 호두·아몬드·피스타치오·피칸 등의 견과류 모음 50g, 해바라기씨·호박씨 30g, 꿀(혹은 알룰로스) 3큰술, 발사믹 글레이즈 적당량

how to

1. 브리치즈는 껍질을 벗기고 윗면에 십자 모양으로 칼집을 낸다.
2. 브리치즈 위에 준비한 견과류를 듬뿍 올리고 160℃로 예열한 오븐에 넣어 5~7분 굽는다.
3. 구운 치즈를 꺼내 꿀 혹은 알룰로스를 뿌린 뒤 다시 오븐에 넣어 3분 정도 구워낸다.
   TIP | 꿀을 뿌리면 풍미가 훨씬 좋지만, 다이어트 중이라면 꿀 대신 알룰로스를 사용하세요.
4. 루콜라는 깨끗이 씻어 물기를 빼고, 사과는 씨를 제거한 뒤 껍질째 얇게 썬다.
5. 그릇에 구운 치즈를 담고 손질해 둔 샐러드를 곁들여 낸다. 샐러드에는 발사믹 글레이즈를 뿌리면 좋다.

Blueberry Greek Yogurt Granola Salad

VG(채식)

WF(NO 밀가루)

GF(NO 글루텐)

○ 블루베리 그릭 요거트 그래놀라 샐러드 ○

요즘 한창 인기인 그릭 요거트는 샐러드 채소와도 잘 어울려요. 블루베리를 곁들이면 더 풍성하지요. 집에 있는 과일 1~2가지와 당분이 많지 않은 그래놀라 혹은 견과류를 그릭 요거트에 곁들이면 든든한 한 끼 식사로 딱이랍니다.

ingredients

(1인분)
그릭 요거트 150g, 어린잎 채소 20g,
블루베리 30g, 저당 그래놀라 30g

블루베리 요거트 드레싱 |
두유 그릭 요거트 50g(p.042 참조),
저당 블루베리 잼 2큰술,
엑스트라 버진 올리브오일 1큰술

* 비건 레시피 | 그릭 요거트 → 두유 그릭 요거트

how to

1 어린잎 채소는 물로 깨끗이 씻고 물기를 빼 둔다. 다른 재료들도 준비한다.

2 분량의 드레싱 재료는 모두 볼에 담고 골고루 섞어둔다.
   TIP | 드레싱 만드는 과정이 번거롭다면, 그릭 요거트 위에 저당 블루베리 잼을 곁들이기만 해도 괜찮아요.

3 그릇에 샐러드용 채소를 담고, 그릭 요거트를 올린 다음 그 위에 블루베리와 저당 그래놀라를 올린다. 마지막에 ②에서 만들어 둔 드레싱을 곁들여 낸다.

Mixed Berry Salad

○ 믹스 베리 샐러드 ○

VG(채식)

LC(저탄수화물)

WF(NO 밀가루)

GF(NO 글루텐)

믹스 베리 샐러드는 상큼하게 다양한 과일을 먹고 싶은 날 만들어 먹는 샐러드랍니다. 잘 익은 블루베리와 새콤한 맛의 라즈베리, 블랙베리, 크랜베리 등을 함께 섞어 먹으면 달콤함과 새콤함이 공존하는 기분 좋아지는 샐러드가 만들어져요.

ingredients

(2인분)
딸기 10개, 블루베리·라즈베리 1/4컵씩, 냉동 베리 믹스 1/2컵, 루콜라 30g, 구운 아몬드 20g

딜 요거트 드레싱 |
플레인 요거트 4큰술, 꿀 1큰술, 레몬즙 2작은술, 소금·후춧가루 약간씩, 다진 딜 약간(생략 가능)

* 비건 레시피 | 플레인 요거트 → 두유 플레인 요거트로 대체

how to

1 딸기와 블루베리, 라즈베리는 물에 가볍게 씻은 뒤 체에 받쳐 물기를 뺀다. 냉동 베리도 체에 받쳐 흐르는 물에 가볍게 씻고 물기를 뺀다.

2 루콜라는 씻은 뒤 물기를 빼고, 씻은 딸기는 꼭지를 따서 먹기 좋게 썬다.

3 딜은 잘게 다지고 구운 아몬드는 칼로 적당히 다지듯 썬다. 분량의 드레싱 재료는 모두 볼에 담아 골고루 섞어둔다.

4 준비한 재료를 함께 모두 섞어 그릇에 담는다. 다진 아몬드를 샐러드 위에 뿌리고 드레싱을 곁들여 먹는다.

Cucumber And Oat Salad

LC(저탄수화물)

WF(NO 밀가루)

GF(NO 글루텐)

○ 오이와 귀리 샐러드 ○

오이를 넣어 가볍게 먹을 수 있는 샐러드 중에 자주 해 먹는 샐러드는 오이딜 샐러드입니다. 오이를 얇게 썰고 사워크림과 딜을 잔뜩 넣은 드레싱에 버무려 먹는 샐러드랍니다. 이 샐러드는 보기에는 별거 있나 싶은데, 먹어보면 아삭한 오이의 식감과 상큼한 사워크림이 잘 어우러지는 꽤 맛있는 샐러드에요. 여기에 생으로 먹으면 너무 좋은 래디시로 아삭함을 더했어요. 그리고 귀리를 삶아서 넣으니 귀리 특유의 씹는 맛과 고소함이 더해져서 생각했던 것보다 더 잘 어울리는 샐러드가 만들어졌답니다. 이 샐러드를 만들 때 사용하는 딜은 꼭 생 딜을 사용해서 만들기를 추천해요.

ingredients

오이 1/2개, 래디시 2개, 귀리 1/2컵 분량

딜 드레싱
사워크림 2큰술, 마요네즈·꿀 1큰술씩, 레몬즙 1작은술, 소금 1/4작은술, 다진 딜 적당량

* 저탄수화물 레시피 → 귀리 생략

how to

1 오이와 래디시는 동그란 모양을 살려 얇게 썬다.
2 귀리는 물에 넣고 충분히 부드러워지도록 삶은 뒤 체에 받쳐 물기를 뺀다.
3 분량의 드레싱 재료는 모두 볼에 넣어 골고루 섞는다. 딜은 잘게 다져서 넉넉히 넣는다.
4 볼에 오이, 래디시, 삶은 귀리를 넣고 딜 드레싱을 넣어 버무려 완성한다.

Avocado Salad

○ 아보카도 샐러드 ○

VG(채식)

LC(저탄수화물)

WF(NO 밀가루)

GF(NO 글루텐)

부드러운 무염버터 같은 진한 맛의 아보카도는 샐러드의 단골 재료로 사용되지요. 포만감도 좋기에 다이어트를 하는 분들에게 좋은 식재료로 알려져 있어요. 아보카도를 이용해 간단하지만 맛 좋은 샐러드를 만들어 볼게요.

ingredients

(2인분)
아보카도·오이·비트 1개씩, 양상추 1/4통, 페타 치즈 30g, 구운 피칸 20~30g

요거트 마요네즈 드레싱 |
마요네즈·플레인 요거트 2큰술씩, 다진 양파 2작은술, 소금 1/3작은술, 레몬즙·알룰로스·엑스트라 버진 올리브 오일 1큰술씩, 레몬 제스트 약간

* 채식 레시피 |
페타 치즈 → 비건 치즈 대체
플레인 요거트 → 두유 플레인 요거트 대체
마요네즈 → 두유 또는 두부 마요네즈 대체

how to

1. 잘 익은 아보카도는 반으로 잘라 씨를 제거한 뒤 껍질을 벗기고 얇게 썬다. 오이는 필러로 얇게 썰고, 비트는 껍질을 벗겨 먹기 좋은 크기로 썬다.
2. 양상추는 2cm 정도의 폭으로 채를 썰어 찬물에 담갔다가 깨끗이 씻어 물기를 뺀다.
3. 분량의 드레싱 재료는 모두 볼에 담고 골고루 섞어서 완성한다.
4. 접시에 물기 뺀 양상추를 깔고 손질한 재료를 올린 뒤 드레싱을 뿌리고, 구운 피칸과 페타 치즈를 골고루 뿌려 완성한다.

Asparagus Poached egg Salad

○ 아스파라거스 수란 샐러드 ○

LC(저탄수화물)

WF(NO 밀가루)

GF(NO 글루텐)

푸릇푸릇 연하고 맛있는 아스파라거스는 왕의 채소라는 별명을 가지고 있어요. 그 정도로 좋은 영양 성분을 가지고 있어요.

특유의 맛이 좋은 아스파라거스를 볶아서 수란과 함께 먹어보세요. 특별한 다른 재료를 더하지 않아도 아스파라거스 자체의 맛이 좋아요. 수란 하나와 직접 만든 홀란다이즈 소스를 곁들이면 특별하고 고급스러운 느낌이 드는 샐러드가 완성됩니다. 자칫 번거롭다고 느껴질 수 있는 홀란다이즈 소스도 쉽고 간편하게 만드는 방법을 알려드릴게요.

Ingredients (1인분)

아스파라거스 7~8대, 달걀 1개(식초 2큰술), 무염버터 10g, 소금·후춧가루 약간씩

홀란다이즈 소스 |
달걀노른자 1개, 레몬즙 1큰술, 소금 1/4작은술, 무염버터 50g

$\begin{pmatrix} how \\ to \end{pmatrix}$

1

아스파라거스는 필러로 껍질을 벗기고 질긴 밑동은 잘라낸다.

2

달군 팬에 버터를 녹이고 아스파라거스를 올려 굽는다. 이때 소금, 후춧가루를 살짝 뿌려 가볍게 볶은 뒤 파랗게 되면 접시에 담아 둔다.

3

수란 만들기 : 냄비에 물을 넣고 끓인다. 물이 끓기 시작하면 불을 약하게 줄이고 식초를 넣어 온도를 낮춘다. 식초를 넣고 숟가락으로 물을 10번 정도 그릇 가장자리를 따라 동그랗게 저어준다. 달걀은 미리 그릇에 깨 두었다가 식초를 넣은 물의 가운데 부분에 천천히 넣어준다. 물이 돌아가면서 달걀도 가운데로 모이면서 익도록 가만히 둔다. 1분~1분 30초 정도 익힌 뒤 체로 건져 더 익지 않도록 찬물에 담가둔다.

4

홀란다이즈 소스 만들기 : 핸드믹서를 사용할 수 있는 깊이가 있는 그릇에 달걀노른자와 레몬즙, 소금을 넣고 믹서기로 적당히 갈아준다. 다른 그릇에 버터를 넣고 전자레인지에 15초씩 끊어 돌려 버터를 완전히 녹인다. 버터가 뜨거울 때 미리 섞은 노른자에 조금씩 흘려 넣어주며 믹서기를 돌려준다.(버터가 한꺼번에 들어가면 노른자가 익을 수 있으니 조금씩 넣어야 한다.) 버터를 넣고 소스가 뽀얀 색으로 변하도록 1분 정도 충분히 돌려 완성한다.

5

구운 아스파라거스에 수란을 올리고, 홀란다이즈 소스를 올려 완성한다.

Roasted tomato Salad

○ 구운 토마토 샐러드 ○

- VG(채식)
- LC(저탄수화물)
- WF(NO 밀가루)
- GF(NO 글루텐)

토마토를 익혀서 먹으면 토마토의 리코펜 성분 흡수율이 2~3배 정도 높아진다고 해요. 열에 쉽게 파괴되지도 않고 말이죠. 그래서 토마토는 익혀 먹는 것이 좋다고 합니다. 익힐 때도 그냥 굽는 것보다 올리브오일을 넉넉히 뿌려 구우면 지용성인 리코펜의 흡수율이 더 높아진다고 하니 자주 구워 먹으면 좋을 것 같아요.

ingredients

(1인분)
와일드 루콜라 50g, 줄기 토마토 200~300g 정도, 삶은 달걀 1개, 올리브오일 2큰술, 소금·후춧가루 약간씩

| 바질 발사믹 드레싱 |
발사믹 식초·엑스트라 버진 올리브오일 2큰술씩, 발사믹 글레이즈 1큰술, 생바질 잎 3~4장, 소금 1꼬집

＊ 비건 레시피 | 삶은 달걀 제외

how to

1. 줄기 토마토는 가볍게 씻은 뒤 오븐 트레이 위에 올리고 소금, 후춧가루를 살짝 뿌린다. 그 위에 올리브오일을 넉넉히 뿌리고 150~160℃로 예열한 오븐에서 10분 정도 구워낸다.
2. 와일드 루콜라는 깨끗이 씻어 물기를 빼고, 삶은 달걀은 먹기 좋게 잘라 둔다.
3. 분량의 드레싱 재료는 올리브오일을 제외하고 모두 볼에 담은 뒤 골고루 잘 섞는다. 이때 바질은 얇고 잘게 썰어 넣는다. 마지막에 올리브오일을 넣고 섞는다.
4. 접시에 모든 샐러드 재료를 담고, 드레싱을 곁들여 낸다.

Egg Avocado Salad

○ 달걀아보카도 샐러드 ○

LC(저탄수화물)

WF(NO 밀가루)

GF(NO 글루텐)

삶은 달걀은 다이어트하는 분들에게는 풍부한 영양과 포만감을 주는 고마운 식재료이죠. 아보카도의 부드러운 식감과 함께 더 풍부해진 맛이 퍽퍽한 달걀을 먹기 좋게 해줘요. 시큼한 사워크림의 맛과 담백한 재료가 잘 어우러져 먹기에도 좋고 아마씨를 더해 톡톡 씹히는 재미도 더해주는 샐러드입니다.

Ingredients (1인분)

삶은 달걀 2개, 아보카도 1/2개, 셀러리 1/4대, 적양파 1/4개, 아마씨 1큰술(+적당량), 로메인 적당량

사워크림 마요네즈
사워크림·마요네즈·알룰로스 2큰술씩, 다진 양파·다진 피클 1큰술씩, 홀그레인머스터드 1작은술, 레몬즙 1/2큰술, 소금·후춧가루 약간씩

how to

1
로메인은 한 장씩 떼어 물로 깨끗이 씻고 물기를 뺀다.

2
달걀은 완숙으로 삶아 껍질을 벗기고 한입 크기로 적당히 썬다. 아보카도는 껍질을 벗기고 씨를 제거한 뒤 깍둑썰기한다. 셀러리도 얇게 썰고, 적양파도 다지듯 썬다.

3
분량의 사워크림 마요네즈 재료는 모두 볼에 넣고 골고루 섞는다. 이때 피클과 양파는 잘게 다져 넣는다.

4
새로운 볼에 작게 썬 달걀, 손질한 아보카도, 셀러리, 양파, 아마씨를 넣는다.

5

④에 ③의 사워크림 마요네즈를 넣고 골고루 잘 섞는다.

6

접시에 로메인을 깔고 그 위에 ⑤의 달걀 샐러드를 스쿱으로 떠서 올린다. 샐러드 위에 아마씨를 살짝 뿌려 낸다.

Potato And Egg Salad

。 감자 달걀 샐러드 。

WF(NO 밀가루)

GF(NO 글루텐)

감자 달걀 샐러드는 추억의 샐러드 중 하나가 아닐까 생각됩니다. 포슬포슬하게 익은 감자를 으깨서 마요네즈에 버무리기만 해도 얼마나 맛있는지요. 이 샐러드는 그냥 먹어도 좋지만 빵 사이에 넣어 샌드위치 속 재료로 사용해도 좋아요. 식빵이나 모닝빵처럼 부드러운 빵 사이에 넣어 먹으면 든든한 한 끼 식사로 좋답니다.

ingredients

(4인분)

감자 300g, 삶은 달걀 3개, 오이 40g, 당근 30g, 베이컨 4줄, 소금·후춧가루 약간씩

사워크림 머스터드 드레싱 |
사워크림·마요네즈 3큰술씩, 레몬즙 1작은술, 홀그레인머스터드 1큰술, 알룰로스 2½큰술, 소금·후춧가루·다진 파슬리 약간씩

how to

1. 껍질 벗긴 감자를 냄비에 넣고 감자가 잠길 정도로 충분한 물을 넣어 삶는다. 이때 소금을 1작은술 정도 넣는다. 감자를 젓가락으로 찔러보아 푹 들어갈 정도로 완전히 익으면 체에 받쳐 물기를 빼고, 뜨거울 때 포크로 으깬다.
   TIP | 감자의 씹히는 식감이 좋다면 적당히 으깨고, 부드러운 맛이 좋다면 곱게 으깨주세요.
2. 베이컨은 구워서 한입 크기로 잘라 키친타월에 올려서 기름기를 닦아낸다. 오이와 당근은 한입 크기로 깍둑썰기한다.
3. 삶은 달걀은 노른자 1개 분량만 따로 빼두고 나머지는 적당히 다지듯 썬다.
4. 분량의 드레싱 재료는 모두 볼에 담고 골고루 섞어둔다.
5. 볼에 으깬 감자와 준비한 재료를 모두 넣고 소금, 후춧가루를 살짝 넣어 가볍게 섞는다. 여기에 드레싱을 넣고 골고루 섞이도록 버무린다.
6. 그릇에 샐러드를 담고, ③에서 남겨둔 노른자 1개를 강판에 갈아 가루로 만들어 뿌린 뒤 파슬리 가루도 솔솔 뿌려 낸다.

Peach Capreze

- VG (채식)
- WF (NO 밀가루)
- GF (NO 글루텐)

○ 복숭아 카프레제 ○

아삭아삭한 식감이 좋은 천도복숭아를 이용해서 카프레제를 만들어 보았어요. 보통 카프레제는 토마토로 만들지만, 천도복숭아의 아삭한 식감과 부드러운 보코치니 치즈와도 잘 어울린답니다. 여기에 싱싱한 바질로 싱그러움을 추가했어요. 좋아하는 계절 과일로 응용해 보세요.

ingredients

(2인분)
천도복숭아 2개, 보코치니 치즈 100g, 바질 잎 10장 정도

복숭아 드레싱 |
복숭아 1/4개 분량, 화이트와인 식초·알룰로스 1½큰술씩, 레몬즙 2작은술, 엑스트라 버진 올리브오일 2큰술, 소금 2꼬집, 후춧가루 약간

* 채식 레시피 |
보코치니 치즈 → 비건 치즈 대체

how to

1. 복숭아는 깨끗이 씻어서 과육만 잘라낸다. 보코치니는 물기는 빼서 건져두고 생바질 잎은 두꺼운 줄기를 제거해서 준비한다.
2. 복숭아 1/4쪽은 작은 크기로 깍둑썰기하고, 나머지 분량의 드레싱 재료와 함께 골고루 섞어둔다.
3. 접시에 준비한 복숭아 과육과 보코치니 치즈를 담고, 바질잎은 곁들인 뒤 ②에서 만든 드레싱을 뿌려 낸다.

Green Grape Burrata Salad

VG(채식)

WF(NO 밀가루)

GF(NO 글루텐)

○ 청포도 부라타 샐러드 ○

이탈리아어로 부라타(Burrata)는 '버터를 바른'이란 뜻이라고 해요. 식감은 버터처럼 부드러운 치즈랍니다. 보통의 치즈와는 달리 숙성 과정을 거치지 않고 만들기 때문에 속 안에 뽀얗고 부드러운 크림 같은 치즈가 가득 들어있답니다. 씨 없는 청포도 혹은 샤인 머스캣과 함께 먹으면 좋아요. 여기에 질 좋은 올리브오일을 곁들이면 포만감 있는 맛있고 간단한 샐러드가 완성됩니다.

ingredients

(2인분)
청포도 1송이, 부라타 치즈 1개, 루콜라 30g, 식초 2큰술

라임 드레싱 |
라임즙·알룰로스 1½ 큰술씩, 레몬즙 1큰술, 올리브오일 3큰술, 소금·후춧가루 약간씩

비건 레시피 |
부라타 치즈 → 비건 치즈 대체

how to

1. 청포도는 물에 충분히 잠기도록 담군 뒤 식초를 조금 넣고 10분 정도 두었다가 깨끗하게 씻고 물기를 뺀다. 물기 뺀 청포도는 줄기에서 알만 떼어 준비한다. 루콜라도 씻어서 물기를 빼둔다.

2. 분량의 드레싱 재료를 모두 볼에 담고 골고루 섞어 드레싱을 완성한다. 부라타 치즈는 물기를 뺀다.

3. 접시에 깨끗이 씻은 포도와 루콜라, 부라타 치즈를 담고 ②의 드레싱을 뿌려 낸다.

Super Sweet Corn Salad

○ 초당 옥수수 샐러드 ○

VG(채식)

WF(NO 밀가루)

GF(NO 글루텐)

초당 옥수수가 나오는 계절에는 다양한 요리에 초당 옥수수를 활용해요. 마치 과일처럼 과즙이 꽉 찬 옥수수 한알 한알이 너무 맛있어서 다양하게 먹으려고 하죠. 그냥 쪄서 먹어도 좋고 버터에 구워 먹어도 맛있지만 뭐니 뭐니 해도 샐러드에 올려 먹는 것이 가장 맛있는 것 같아요. 옥수수 자체가 워낙에 달콤해서 특별한 토핑이나 재료가 없어도 샐러드의 맛을 풍족하게 만들어주니까요. 그리고 호두에 달콤하게 옷을 입혀서 바삭한 강정을 만들어 곁들이면 고소하면서도 달콤한 맛이 샐러드를 한층 업그레이드시켜줍니다.

Ingredients (1인분)

초당 옥수수 1개, 로메인 2포기, 적양파 1/4개,
파르메산 치즈 가루 적당량

| 호두강정 |
호두 40g, 알룰로스 2큰술, 올리브오일 1/2작은술

* 비건 레시피 |
파르메산 치즈 가루 → 비건 치즈 대체
생크림 → 코코넛크림 대체
마요네즈 → 두부 마요네즈 대체

| 생크림 드레싱 |
생크림 3큰술, 마요네즈 1큰술, 식초 2작은술, 홀그레인 머스터드 1/2큰술, 알룰로스 1½큰술, 소금 약간

how to

1   로메인은 깨끗이 물에 씻어서 물기를 빼고 먹기 좋은 크기로 썰어둔다.

2   분량의 드레싱 재료는 모두 볼에 담고 골고루 섞어둔다.

3   초당 옥수수는 찜기에 찌거나 전자레인지에 익힌다. 익은 옥수수는 칼로 과육만 잘라낸다. 양파는 얇게 채를 썬다.

4   마른 팬에 호두를 넣고 가볍게 볶는다. 여기에 알룰로스를 넣고 중간 불에서 저어가며 조린다. 알룰로스가 끈적이고 호두에 옷이 입혀지면 올리브오일을 넣고 가볍게 섞은 뒤 유산지 위에서 충분히 식힌다.

5   접시에 로메인을 담고 옥수수, 양파, 호두를 올린 뒤에 파르메산 치즈 가루를 뿌린다. 만들어둔 드레싱도 곁들인다.

5

Fig Salad

○ 무화과 샐러드 ○

- VG(채식)
- WF(NO 밀가루)
- GF(NO 글루텐)

가을 즈음 나오는 무화과는 그 계절에 잠깐 만날 수 있는 과일이기 때문에 시기를 놓치면 아쉽기 마련이에요. 단맛이 제대로 들은 잘 익은 무화과를 골라 부드러운 식감과 잘 어울리는 리코타 치즈와 향이 좋은 루콜라를 곁들여 샐러드를 만들어 보세요.

ingredients

(1인분)
무화과 2개, 루콜라와 라디치오 50g,
리코타 치즈 50g,
구운 호두 25g, 건 크랜베리 2큰술

무화과 드레싱 |
무화과 1개, 레드와인 식초 2큰술, 알룰로스 1큰술, 엑스트라 버진 올리브 오일 3큰술, 소금·후춧가루 약간씩

* 비건 레시피 |
리코타 치즈 → 비건 치즈 대체

how to

1. 루콜라와 라디치오는 물에 깨끗이 씻어서 물기를 빼둔다.
2. 무화과는 깨끗이 씻어서 먹기 좋게 4등분 하고 호두는 가볍게 구워 준비한다. 건 크랜베리도 준비한다.
3. 드레싱용 무화과는 단단한 꼭지 부분을 제거한 뒤 분량의 드레싱 재료와 함께 모두 믹서기에 넣고 곱게 갈아 드레싱을 만든다.
4. 접시에 리코타 치즈를 펴 담는다.
5. 리코타 치즈 위에 물기 뺀 무화과와 루콜라를 담고 호두와 건 크랜베리를 뿌린다. 여기에 무화과 드레싱을 곁들여 낸다.

Apple Spinach Salad

VG(채식)

WF(NO 밀가루)

GF(NO 글루텐)

○ 사과 시금치 샐러드 ○

연한 시금치의 어린잎은 먹기에도 좋고 맛도 좋아요. 페타 치즈는 그리스에서 만들어진 치즈인데 양의 젖으로 만들어요. 으깨서 샐러드에 곁들이면 녹진한 치즈의 맛이 생채소와 잘 어울린답니다. 아삭한 사과를 듬뿍 올려 상큼하고 예쁘기까지 한 샐러드를 만들어 보세요.

ingredients

(1인분)
사과 1개, 시금치 어린잎 70g, 페타 치즈 30g, 건 크랜베리 2큰술

메이플 드레싱
메이플시럽·애플사이다 식초 2큰술씩, 디종머스터드 1작은술, 소금·후춧가루 약간씩, 엑스트라 버진 올리브오일 3큰술

*비건 레시피
페타 치즈 → 비건 치즈 대체

how to

1. 시금치 어린잎은 물로 깨끗하게 씻은 뒤 물기를 뺀다.
2. 사과는 4등분 한 뒤 씨를 발라내고 껍질째 얇게 썬다. 페타 치즈와 건 크랜베리도 준비한다.
3. 물기 뺀 시금치 어린잎을 접시에 깔고 그 위에 손질한 사과, 페타치즈, 건 크랜베리를 올린다.
4. 분량의 드레싱 재료를 모두 볼에 담고 골고루 섞은 뒤 ③의 샐러드 위에 곁들여 낸다.

Sun-Dried Tomato Salad

∘ 썬 드라이 토마토 샐러드 ∘

VG(채식)

GF(NO 글루텐)

썬 드라이 토마토는 개인적으로 너무 좋아하는 음식이라 키친콤마에서 판매하기 시작했는데 예상보다 훨씬 더 많은 사랑을 받고있는 제품이에요. 방울토마토를 씻고 꼭지를 딴 뒤 반으로 잘라 약간의 소금간과 오레가노를 더한 뒤 오븐에서 천천히 말려 만듭니다. 이때 중간중간 위치를 바꿔가며 골고루 마를 수 있도록 해야 하는데, 낮은 온도에서 천천히 이틀 정도 말려 고운 색과 맛을 살리는 시간과 정성이 많이 들어가는 음식이랍니다. 그래서 어마어마한 양의 방울토마토를 손질해도, 말리고 난 뒤에는 정말 양이 많이 줄어들어서 허무하기도 하지만 그만큼 토마토의 단맛과 새콤한 맛이 응축되어 얼마나 감칠맛이 도는지 몰라요. 말린 토마토를 허브와 마늘, 레몬 등과 함께 엑스트라 버진 올리브오일에 재워두면 맛과 향이 배가 된답니다. 썬 드라이 토마토는 루콜라와 함께 샐러드로 만들어 먹으면 정말 맛있어요. 그냥 샐러드로도 좋지만, 호밀빵 위에 올려서 먹으면 포만감도 좋고 맛은 더 좋아져 한 끼 식사로도 충분할 거예요!

INGREDIENTS (2인분)

루콜라 50g, 썬 드라이 토마토 4큰술 정도, 보코치니 치즈 100g, 호밀빵 2조각, 그라나파다노 치즈·발사믹 글레이즈 약간씩

* 비건 레시피 |
치즈류 → 비건 치즈 대체
호밀빵 → 비건 빵 대체

바질 페스토 소스 |
바질 페스토 4큰술(p.032 참조),
발사믹 글레이즈 약간

$\begin{pmatrix} how \\ to \end{pmatrix}$

1

루콜라는 물에 깨끗이 씻어서 물기를 뺀다.

2

보코치니 치즈도 물기를 빼서 준비한다.

100% 호밀빵에 바질 페스토를 골고루 펴 바른다.

빵 위에 루콜라를 깔고 썬 드라이 토마토와 보코치니 치즈를 골고루 올린 뒤 그라나파다노 치즈를 뿌리고 발사믹 글레이즈를 뿌려 완성한다.

Sweet Potato Râpées Salad

VG(채식)

WF(NO 밀가루)

GF(NO 글루텐)

○ 고구마 라페 샐러드 ○

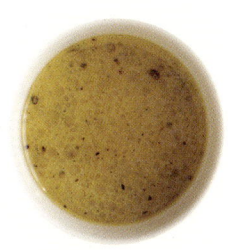

개인적으로 라페를 좋아해서 늘 넉넉히 만들어 냉장고에 쟁여두고 먹는 편이에요. 라페는 냉장고에 숙성시키면 더 맛있어지므로 일주일 정도의 분량을 만들어서 샐러드에도 얹어 먹고 가끔은 샌드위치나 김밥 속 재료로도 사용한답니다. 어떤 날은 이 샐러드처럼 몇 가지 곡물 혹은 콩에 섞어서 먹기도 해요. 그러면 당근의 아삭한 식감과 상큼함이 텁텁할 수도 있는 샐러드를 더 맛있게 만들어준답니다. 렌틸콩을 듬뿍 삶고 맛있게 구운 고구마를 더하면 한 끼 식사로 먹어도 손색이 없는 맛있는 샐러드가 완성됩니다.

ingredients

(2인분)
고구마 1개, 삶은 렌틸콩 100g, 당근 라페 80g(p.030 참고), 레몬 2쪽, 페타 치즈 4조각, 올리브오일 2큰술, 고수·후춧가루·파슬리 가루 약간씩

레몬 마늘 드레싱 |
레몬즙 2½큰술, 엑스트라 버진 올리브오일 3큰술, 다진 마늘 1/2작은술, 소금 1/4작은술, 후춧가루 약간

＊비건 레시피 |
페타 치즈 → 비건 치즈

how to

1 고구마는 깨끗이 씻어서 껍질째로 깍둑썰기한다.
2 달군 팬에 오일을 두르고 고구마를 올려 노릇하게 굽는다. 이때 소금과 후춧가루, 파슬리 가루를 살짝 뿌려 겉면이 노릇해지도록 굽는다.
3 렌틸콩은 물에 넣고 소금을 약간 넣어 삶는다. 10분 정도 다 익으면 체에 밭쳐 물기를 빼고 식힌다.
4 분량의 드레싱 재료는 모두 볼에 담고 골고루 섞는다.
5 볼에 구운 고구마와 당근 라페, 삶은 렌틸콩을 넣고 얇게 저민 레몬과 드레싱, 잘게 다지듯 썬 고수를 넣고 함께 버무린다. 완성된 샐러드는 접시에 담고 페타 치즈를 적당히 올려 낸다.

Sweet Pumpkin Ricotta Salad

◦ 단호박 리코타 샐러드 ◦

VG(채식)

WF(NO 밀가루)

GF(NO 글루텐)

단호박 좋아하시나요? 저희는 온 가족이 단호박을 좋아해서 참 많이 사용하는 식재료입니다. 칼로리뿐 아니라 탄수화물도 적어서 다이어트에 많이 사용되는 재료이지요. 이번에는 단호박과 비슷한 홋카이도 호박을 사용해 보았어요. 쉽게 구할 수 있는 단호박을 사용해도 좋아요.

겉껍질은 진한 주황색이고 모양은 단호박과 비슷하고 좀 더 단단하고 단맛이 적어요. 홋카이도 호박을 굽고 리코타 치즈를 곁들여 먹을 수 있는 샐러드를 만들면 한 끼 식사로도 충분하고 포만감도 좋답니다.

INGREDIENTS (2인분)

홋카이도 호박 혹은 단호박 1/2통, 생파슬리 약간, 알룰로스(혹은 꿀) 2큰술

*비건 레시피 |
리코타 치즈 → 비건 치즈 대체

리코타 치즈 스프레드 |
리코타 치즈 1컵 분량, 호박씨 3큰술, 아마씨·건 크랜베리·알룰로스 2큰술씩

$$\text{how to}$$

호박은 깨끗이 씻어 속의 씨앗을 긁어낸 뒤 6등분 한다.

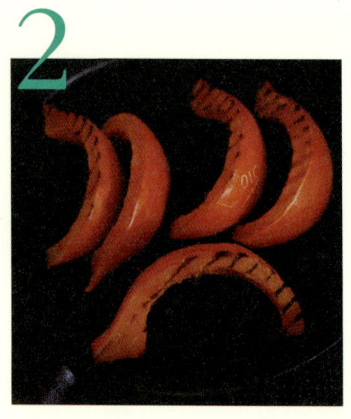

달군 그릴 위에 호박을 올려 굽는다. 이때 속까지 익도록 천천히 낮은 불에서 익힌다.

· TIP ·
160℃로 예열한 오븐 혹은 에어프라이어에 넣고 10~15분 정도 완전히 익도록 구워도 좋아요.

볼에 리코타 치즈를 넣고 호박씨, 아마씨, 건 크랜베리, 알룰로스를 넣은 뒤 잘 섞어 스프레드를 만든다.

접시에 구운 호박을 담고 리코타 치즈 스프레드를 스쿱으로 떠 올린다. 생파슬리를 잘게 다져 뿌리고 꿀 혹은 알룰로스를 적당히 뿌려 낸다.

Lentils Pasta Salad

○ 렌틸콩 파스타 샐러드 ○

VG(채식)

LC(저탄수화물)

가끔은 식사 같은 샐러드를 먹고 싶은 날이 있어요. 자꾸 군것질하게 되는 날에는 차라리 한 끼를 제대로 먹으면 군것질도 덜하게 되더라고요. 그런 날 만들어 먹으면 좋은 샐러드랍니다. 약간의 파스타를 만들고 샐러드 채소를 듬뿍 곁들이면 파스타 한 그릇을 먹은 것같이 푸짐한 한 끼를 먹은 기분이 들거든요. 파스타를 한 그릇 먹은 것보다 탄수화물 섭취를 줄이는 대신 포만감은 충분하고, 또 여기에 렌틸콩을 곁들여 단백질 섭취도 더 늘릴 수 있도록 해봤어요. 레시피의 파스타는 한 끼에 먹기에는 조금 많은 양이에요. 넉넉히 만들어서 냉장보관 했다가 필요할 때 꺼내서 샐러드에 토핑으로 곁들여도 좋아요.

INGREDIENTS (1인분)

토마토 파스타 |
숏 파스타면 50g, 삶은 렌틸콩 30g

샐러드 재료 |
샐러드 채소믹스 70g, 삶은 브로콜리 30g, 방울토마토 4개, 삶은 달걀 1개

* **비건 레시피 |** 삶은 달걀 제외

* **저탄수화물 레시피 |** 숏 파스타면 생략 또는 통밀 숏 파스타면 대체

토마토소스 드레싱(2회분)
토마토소스 1컵, 무설탕 케첩 3큰술,
엑스트라 버진 올리브오일 1큰술,
소금·후춧가루 약간씩

how to

1. 분량의 샐러드 채소는 먹기 좋은 크기로 잘라 깨끗하게 씻고 물기를 뺀다. 브로콜리는 먹기 좋은 크기로 잘라 뜨거운 물에 데친 뒤 찬물에 헹궈 물기를 뺀다. 방울토마토는 반으로 자른다.
2. 파스타면은 끓는 물에 소금을 넉넉히 넣고 9~10분 삶는다. 완전히 익으면 체에 받쳐 물기를 뺀다.
3. 렌틸콩도 삶아서 준비한다.
4. 토마토소스는 시판 파스타 소스를 이용하면 된다. 토마토소스에 무설탕 케첩, 올리브오일, 소금, 후춧가루를 약간 넣고 잘 섞는다.

5   볼에 삶은 파스타 면과 렌틸콩을 담고 파스타 소스를 넣어 잘 섞는다.

6   그릇에 샐러드 채소를 담고 그 위에 파스타, 브로콜리, 방울토마토, 삶은 달걀을 올려 완성한다.

Salad

LESSON 3
특별하게 먹고 싶은 날에

감칠맛 나고 근사한 샐러드 한 끼
|채소, 과일, 통곡물, 달걀, 유제품+해산물|
페스코 베지테리언
(달걀/유제품/해산물 섭취)

해산물은 육류보다 지방은 적고 단백질은 풍부해서 체중 조절을 할 때 많이 활용되는 식재료입니다. 해산물을 샐러드에 이용하면 감칠맛이 나면서 근사하게 즐기기 좋답니다. 쉽게 구할 수 있는 오징어와 새우, 연어부터 샐러드로는 잘 사용하지 않지만 의외로 잘 어울리는 생선 등 다양한 해산물을 이용한 샐러드 조리법을 소개합니다. 특히 해산물을 비린내 없이 조리해서 해산물을 좋아하지 않는 사람도 담백하게 즐길 수 있도록 만들었습니다. 우유, 치즈 등의 유제품과 달걀, 해산물을 허용하는 페스코 베지테리언이 즐길 수 있는 식재료를 이용해 다양하고 맛있는 샐러드를 선보입니다.

Shrimp and Pineapple Salad

○ 새우 파인애플 샐러드 ○

(WF(NO 밀가루))

(GF(NO 글루텐))

파인애플은 껍질을 벗기기에 조금 번거롭지만 상큼하고 달콤한 맛이 나서 샐러드에 곁들이면 좋은 과일이에요. 통조림 파인애플은 설탕에 절인 제품이기 때문에 추천하지 않고, 번거롭더라도 꼭 생파인애플을 사용하기를 추천합니다. 요즘에는 마트에서 생파인애플을 손질해서 팔기도 하므로 꼭! 생파인애플로 만들어 보세요.

파인애플은 약한 불에서 천천히 구우면 단맛이 더 올라와서 새콤한 맛은 줄어들고 더욱 달콤하게 먹을 수 있어요. 여기에 브로콜리니와 양파, 새우 등을 함께 구워 따뜻하게 즐겨보세요.

Ingredients (2인분)

파인애플 200g, 브로콜리니 5대, 양파 1/4개, 칵테일새우 100g, 무염버터 2큰술, 소금·후춧가루 약간씩, 코코넛칩 약간

파인애플 드레싱 |
파인애플 50g, 포도씨유·알룰로스 2큰술씩, 레몬즙 1큰술, 소금 약간

how to

1 파인애플은 껍질을 벗기고 1㎝ 두께로 동그란 모양을 살려 썬다. 썬 파인애플은 4등분 한 뒤 가운데 심지 부분은 도려낸다.

2 브로콜리니는 씻어서 먹기 좋게 2~3등분하고 양파는 도톰하게 채를 썬다.

3 새우는 물에 깨끗이 씻고 물기를 뺀다.

4 달군 팬에 약간의 무염버터를 녹인 뒤 파인애플을 올려 앞뒤로 노릇하게 구워 따로 담아둔다.

5 팬에 무염버터 1큰술을 녹이고 양파를 올려 가볍게 굽는다. 거기에 브로콜리니를 올리고 센 불에서 가볍게 볶은 뒤 소금, 후춧가루를 뿌려 따로 담아둔다.

6   채소를 구운 팬에 다시 무염버터를 녹이고 새우를 올려 굽는다. 소금, 후춧가루를 약간 뿌려 노릇하게 굽는다.

7   분량의 드레싱 재료는 모두 믹서기에 넣고 곱게 갈아 만든다.

8   모든 재료를 접시에 골고루 담고 코코넛칩을 뿌린 뒤 드레싱을 곁들여 낸다.

Shrimp Salsa Salad

○ 새우 살사 샐러드 ○

LC(저탄수화물)

WF(NO 밀가루)

GF(NO 글루텐)

살사는 에스파냐어로 '소스'라는 뜻이에요. 보통 멕시코의 전통음식인 토르티야 요리에 들어가는 매콤한 소스를 말하죠. 새우 살사 샐러드에는 매콤한 소스가 아닌 가볍고 맛있게 먹을 수 있는 살사를 만들었어요. 탱글탱글한 새우를 씹는 맛도 좋아요. 이 새우 살사 샐러드는 그냥 먹어도 좋지만, 토르티야나 나초 등에 곁들여 먹어도 좋고, 빵 위에 올려 먹어도 잘 어울립니다. 잘 익은 망고와 아보카도까지 곁들여서 아이들도 좋아할 만한 상큼한 맛의 샐러드를 만들어보세요.

INGREDIENTS (2인분)

칵테일 새우 150g, 방울토마토 5개, 빨강·노랑 파프리카·피망·적양파 1/5개씩, 망고·아보카도 1/2개씩, 고수 1줄기, 나초 적당량

* 나초 생략시: 저탄수·NO밀가루·NO글루텐 레시피

망고 드레싱 |

망고 1/4개 분량, 라임즙·레몬즙 1큰술씩, 소금 약간, 엑스트라 버진 올리브오일 2큰술

1. 칵테일 새우는 삶아서 식혀둔다.

2. 방울토마토는 반으로 자르고 파프리카, 피망, 양파는 옥수수알 크기로 다지듯 썬다.

3. 아보카도와 망고는 깍둑썰기한다. 분량의 드레싱 재료는 모두 믹서기에 넣고 곱게 갈아 준비한다.

4. 볼에 준비한 재료를 모두 담고 드레싱을 넣어 골고루 섞는다. 이때 매운맛을 좋아한다면 청양고추를 반개에서 1개 정도 취향에 따라 잘게 다져 넣어도 좋다. 마지막에 고수를 잘게 다져 넣어 완성하고 나초를 곁들여 낸다.

Chili Shrimp Salad

◦ 칠리 새우 샐러드 ◦

WF(NO 밀가루)

GF(NO 글루텐)

새우는 남녀노소 모두가 좋아하는 해산물이에요. 샐러드 토핑으로 올리면 샐러드가 더 푸짐해져 더 맛있어 보이기도 해서 토핑용으로 새우를 많이 사용하는 편이랍니다. 새우는 껍질이 있어서 먹기 불편한 경우가 많아 껍질을 제거한 칵테일 새우를 이용해 샐러드를 만들었어요. 찹쌀가루로 만든 튀김옷을 입혀 바싹하게 튀겨 낸 새우튀김은 그냥 먹어도 아주 맛있지만 양상추 같은 신선한 채소를 곁들이기만 해도 더욱 건강하고 맛있게 먹을 수 있답니다. 여기에 캐슈너트를 더해 고소하게 씹히는 맛까지 더해져 요리처럼 즐길 수 있는 샐러드입니다.

Ingredients (2인분)

칵테일 새우(대) 10마리, 양상추 3장, 찹쌀가루 4큰술(+약간), 물 3큰술, 구운 캐슈너트 30g, 소금·후춧가루 약간씩, 튀김용 기름 3컵

스윗 칠리 드레싱
스윗 칠리소스 3½ 큰술, 스리라차 소스·레몬즙 1큰술씩, 후춧가루 약간

how to

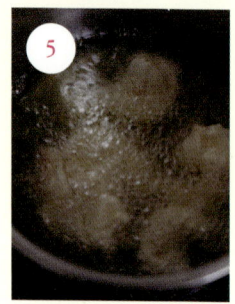

1 칵테일 새우는 찬물에 가볍게 씻어서 물기를 닦아내고 소금, 후춧가루를 뿌려 가볍게 간한다.

2 양상추는 먹기 좋은 크기로 뜯어 물로 깨끗이 씻어 물기를 뺀다.

3 밑간한 새우에 찹쌀가루를 앞뒤로 골고루 묻힌 뒤 남은 가루는 털어낸다.

4 분량의 물에 찹쌀가루를 잘 풀어 튀김반죽을 만든 뒤 새우를 넣어 튀김옷을 입힌다.

5 170℃ 정도로 예열한 튀김기름에 튀김옷 입힌 새우를 넣고 노릇하게 튀겨낸다.

6 분량의 드레싱 재료는 모두 볼에 담고 골고루 섞어둔다.

7 접시에 양상추를 깔고 그 위에 튀긴 새우와 캐슈너트를 올린 뒤 드레싱을 뿌려 낸다.

Scallops
Salad

○ 관자 샐러드 ○

- LC(저탄수화물)
- WF(NO 밀가루)
- GF(NO 글루텐)

해산물 요리를 할 때 관자를 사용하면 왠지 더 고급스러운 요리처럼 업그레이드 되는 것 같아요. 관자는 생으로 된 것을 사용하면 더 낫지만 마트의 냉동 코너에서 구입해도 좋아요. 오렌지와 잘 어울려 함께 샐러드를 만들어 곁들이면 근사한 요리를 먹는 기분이 들 거예요. 관자를 이용한 고급스럽고 푸짐한 샐러드를 만들어 즐겨보세요.

INGREDIENTS (2인분)

관자 400g, 오렌지 1개, 루콜라 50g, 그라나파다노 치즈 적당량, 무염버터 2큰술, 소금·후춧가루 약간씩, 레몬즙 1큰술

오렌지 드레싱 |
오렌지주스 4큰술, 오렌지 제스트·레몬즙 1큰술씩, 소금 1/4작은술, 엑스트라 버진 올리브오일 2큰술

1   관자는 큰 것은 겉의 관자를 둘러싼 막을 제거하고 씻은 뒤 소금, 후춧가루, 레몬즙을 살짝 뿌려 잠시 둔다.

2   중불로 데운 팬에 버터를 녹이고 관자를 올려 노릇하게 굽는다. 너무 센 불로 구우면 버터가 타기 때문에 버터가 타지 않도록 중약불에서 앞뒤로 노릇하게 구워낸다.

3   루콜라는 물로 깨끗이 씻어서 물기를 뺀다.

4   오렌지는 껍질을 벗기고 속껍질 사이사이에 칼집을 내어 과육만 발라낸다.

5   과육을 발라내고 남은 오렌지는 면 보자기에 싸서 꼭 짜 과즙을 낸 뒤 나머지 분량의 재료를 넣고 섞어 오렌지 드레싱을 만든다.

6   접시에 루콜라를 깔고 구운 관자와 오렌지를 올린 뒤 그라나파다노 치즈를 취향껏 갈아서 올리고 드레싱을 곁들여 낸다.

6

Buttered Squid Salad

○ 버터구이 오징어 샐러드 ○

LC(저탄수화물)

WF(NO 밀가루)

GF(NO 글루텐)

오징어는 아주 손쉽게 구할 수 있는 해산물이에요. 냉동제품으로 많이 팔지만 생물 오징어가 나온다면 꼭 버터구이해서 먹어보세요. 냉동과는 비교할 수 없는 부드러운 육질과 특별한 양념 없이 버터에만 구워도 너무 고소하고 맛있거든요.

말끔하게 손질한 오징어에 허브를 다져 올려 잠시 마리네이드 했다가 버터에 올려 노릇하게 굽고 샐러드 채소를 곁들이면 한 끼 식사로도 좋은 샐러드가 만들어집니다. 여기에 알싸한 맛이 좋은 와사비 마요를 만들어 소스로 즐겨보세요. 느끼한 맛은 전혀 없고 담백하고 고소한 샐러드가 만들어집니다.

INGREDIENTS (1인분)

오징어 1마리, 어린잎 채소 50g, 래디시 1개, 양송이버섯 4개, 무염버터 1큰술, 올리브오일 2큰술, 타임 등 허브 1줄기, 소금·후춧가루 약간씩

와사비 마요 소스 |
두부마요네즈 3큰술(p.036 참조), 굴소스 1작은술, 레몬즙·알룰로스 1큰술씩, 와사비 1½작은술, 소금·후춧가루 약간씩

$$\text{how to}$$

오징어는 내장을 제거하고 껍질을 벗겨낸다. 깨끗이 씻어 물기를 닦은 뒤 양쪽에 2㎝ 간격으로 칼집을 낸다. 손질한 오징어에 소금, 후춧가루, 다진 허브를 뿌리고 올리브오일을 적당히 발라 잠시 둔다.

어린잎 채소는 물에 씻어서 물기를 빼고, 래디시는 동그란 모양을 살려 얇게 썬다.

분량의 드레싱 재료는 모두 볼에 담고 골고루 섞어둔다. 와사비의 양은 취향에 따라 조절한다.

달군 팬에 올리브오일을 두르고 4등분 한 양송이버섯을 볶는다. 이때 소금, 후춧가루로 간을 해 볶는다. 버섯이 부드러워지면 접시에 담아 둔다.

중불로 달군 팬에 버터를 녹이고 오징어를 올려 굽는다. 속까지 완전히 익도록 앞뒤로 노릇하게 굽는다. 너무 센 불에서 구우면 버터가 타서 지저분해지므로 중약불에서 천천히 익힌다.

접시에 어린잎 채소를 담고 구운 오징어와 버섯, 드레싱을 곁들여 낸다.

Buttered Fish Salad

LC(저탄수화물)

WF(NO 밀가루)

GF(NO 글루텐)

○ 버터구이 생선 샐러드 ○

흰살 생선은 비린내는 약하고 맛은 담백해서 여러 가지 요리에 활용하기 좋아요. 특히 가볍게 버터에 구워서 요리로 즐기면 생선 자체가 가진 부드러움과 버터의 고소함이 잘 어우러져 고소하고 맛있게 먹을 수 있어요. 레몬의 상큼함과 허브의 진한 향이 비린 맛이나 잡내는 없이 담백하고 가볍게 먹을 수 있는 샐러드를 만들어 줄 거예요.

ingredients

(2인분)

흰살생선살(광어, 명태, 대구 등 흰살 생선살) 300g, 오이·아보카도 1/2개씩, 래디시 2개, 적양파 1/4개, 올리브오일·무염버터 1큰술씩, 소금·후춧가루 약간씩

레몬 허브 드레싱|

엑스트라 버진 올리브오일·레몬즙 3큰술씩, 다진 마늘·레몬 제스트·알룰로스 1큰술씩, 다진 허브(파슬리, 타임 등) 2큰술, 소금·후춧가루 약간씩

how to

1. 생선 살은 소금, 후춧가루를 뿌리고 올리브오일을 발라 잠시 둔다.
2. 오이는 필러로 얇고 길게 자르고 래디시와 아보카도는 얇게 썬다. 적양파도 채를 썬다.
3. 분량의 드레싱은 모두 함께 볼에 담고 골고루 섞어둔다. 이때 다진 마늘은 팬에 가볍게 볶아서 식혀서 넣고 허브는 잘게 다지듯 썰어서 넣는다.
4. 중불로 달군 팬에 버터를 녹이고 밑간한 생선을 올려 굽는다. 버터가 타지 않게 중약불에서 앞뒤로 노릇하게 굽는다. 이때 생선 살이 약해 자주 뒤집으면 부서질 수 있으니 한쪽 면을 충분히 익힌 뒤 뒤집어 다른 쪽을 익힌다.
5. 접시에 구운 생선과 준비한 채소들을 담고 드레싱을 뿌려 완성한다.

Fish and Chips Salad

◦ 피시 앤 칩스 샐러드 ◦

LC(저탄수화물)

WF(NO 밀가루)

GF(NO 글루텐)

피시 앤 칩스는 영국의 대표적인 음식으로 흰살 생선에 튀김옷을 입혀 튀기고 감자튀김을 곁들인 아주 대중적인 음식이에요. 런던의 버로우 시장에 아주 유명한 피쉬 앤 칩스 가게가 있었는데 추운 겨울에 줄 서서 산 뒤 길거리에 서서 먹었던 그 맛이 아직도 기억이 납니다. 소개해 드리는 샐러드에서는 감자를 튀기지 않고 구워서 만들었어요. 흰살 생선은 튀김옷을 가볍게 해서 튀겨내고 구운 감자와 채소들을 곁들여 내면 칼로리는 낮추고 훨씬 건강하게 즐길 수 있는 샐러드로 만드실 수 있어요.

INGREDIENTS (2인분)

흰살생선 300g, 샐러드 채소 50g, 튀김가루·물 1컵씩, 감자 200g, 소금·후춧가루 적당량씩, 올리브오일 2큰술, 허브 약간, 튀김용 기름 적당량

* **NO 글루텐 레시피** | 튀김가루 → 글루텐 프리 쌀 튀김가루 대체
* **저탄수화물 레시피** | 감자 생략

타르타르소스
마요네즈 5큰술, 삶은 달걀 1개, 다진 양파·다진 피클 2큰술씩, 레몬즙 1큰술, 에리스리톨(혹은 알룰로스) 1½큰술, 소금·후춧가루 약간씩

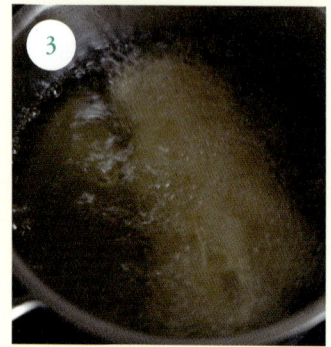

1. 흰살생선은 가시가 없이 손질된 것으로 구입해 소금, 후춧가루를 뿌린다. 밑간한 생선 살에 튀김가루를 앞뒤로 묻혀 잠시 둔다.
2. 남은 튀김가루에 물을 넣고 잘 섞어 튀김옷을 만든다. ①의 생선에 골고루 튀김옷을 입힌다.
3. 냄비에 튀김기름을 붓고 170℃로 예열한 뒤 생선 살을 넣어 튀긴다. 이때 타지 않게 중약불에서 앞뒤로 노릇하게 튀긴 뒤 체에 밭쳐 기름기를 뺀다.
4. 감자는 웨지 모양으로 자른 뒤 소금, 후춧가루를 넉넉히 뿌리고 약간의 허브도 다져 넣는다. 여기에 올리브오일을 넣어 잘 섞은 뒤 오븐 팬 위에 잘 펴서 올린다.

5   170℃로 예열한 오븐에 감자를 넣고 20분 정도 완전히 익도록 구워낸다.

6   샐러드 채소는 물로 깨끗이 씻어서 물기를 빼둔다. 분량의 소스 재료는 모두 볼에 담고 골고루 섞어둔다. 이때 달걀, 양파, 피클은 잘게 다져 넣는다. 치즈도 준비한다.

7   접시에 튀긴 생선을 담고 샐러드 위에 구운 감자를 올린 뒤 소스를 곁들여 낸다.

Grilled Mackerel Salad

○ 구운 고등어 샐러드 ○

LC (저탄수화물)

WF (NO 밀가루)

GF (NO 글루텐)

고등어는 보통 반찬으로 많이 생각하지만, 개인적으로는 고등어 자체의 고소한 맛을 즐기기 위해 구워 샐러드로 먹는 것을 좋아합니다. 등 푸른 생선이 가진 기름지고 고소한 맛은 구운 채소와 잘 어울리고 제법 맛있어요. 이 샐러드는 짜지 않은 생고등어를 이용해서 만드는 것을 추천해요. 레시피에 있는 채소 외에 냉장고속 다양한 다른 채소들을 준비해도 좋아요. 따뜻하게 구워서 먹는 웜샐러드로 즐겨 보세요.

Ingredients (1인분)

순살 고등어 1/2마리, 브로콜리·콜리플라워 50g씩, 당근 30g, 오크라 2개, 소금·후춧가루 약간씩, 올리브오일·화이트와인 2큰술씩, 허브(타임 등) 약간

디종머스터드 레몬 드레싱 |
화이트와인 식초·디종머스터드·알룰로스 1큰술씩, 레몬즙 1½큰술, 엑스트라 버진 올리브오일 3큰술

$\begin{pmatrix} \text{how} \\ \text{to} \end{pmatrix}$

1

순살 고등어는 씻어서 물기를 닦고 소금, 후춧가루를 뿌린다. 여기에 타임 등의 허브를 잘게 다져 올리고 올리브오일을 뿌려 잠시 둔다.

2

브로콜리, 콜리플라워는 한입 크기로 썰고 당근은 동그란 모양을 살려 썬다. 오크라는 길게 반을 자른다.

3

분량의 드레싱 재료는 모두 볼에 담고 골고루 섞는다.

4

달군 팬에 올리브오일을 두르고 당근과 콜리플라워를 넣어 1분 정도 볶는다. 여기에 브로콜리와 오크라를 넣고 소금, 후춧가루를 넣어 센 불에서 가볍게 볶아 접시에 담아둔다.

5 채소를 구운 팬에 올리브오일을 두르고 밑간한 고등어를 올려 앞뒤로 노릇하게 굽는다.

6 고등어가 거의 익어갈 때쯤 화이트와인을 붓고 센 불에서 와인을 날려 굽고 접시에 담는다. 만들어 둔 드레싱을 곁들여 낸다.

Zucchini Noodles With Seafood Salad

○ 주키니면 해물 샐러드 ○

LC(저탄수화물)

WF(NO 밀가루)

GF(NO 글루텐)

다이어트를 할 때는 탄수화물을 줄여야 하기 때문에 면 요리를 피해야 하는 경우가 많아요.

면요리를 좋아하는 저는 다이어트 중에 면요리가 먹고 싶을 때 대체할 만한 다른 식품들을 찾아서 사용할 때가 종종 있는데요. 대중적이면서도 손쉽게 집에서도 만들 수 있는 것이 바로 채소로 만든 면이더라고요. 특히 주키니로 면 모양처럼 만들어서 많이 사용하곤 해요. 스피럴라이저라는 칼이나 채칼로 쉽게 만들 수 있어요. 담백하고 가벼워서 이렇게 국수처럼 만들어 샐러드로 이용하면 만족감이 높답니다. 주키니를 가볍게 볶아 면처럼 만들어서 마치 국수를 먹듯 즐겨보세요. 무엇보다 맛이 좋아서 자꾸 만들어 먹게 되는 샐러드가 될 거예요.

Ingredients (2인분)

주키니 호박 1개, 냉동 해물 믹스 300g, 토마토 마리네이드 1/2컵 분량(p.026 참조), 적양파 1/4개, 레몬 2쪽, 올리브오일 2큰술, 소금·후춧가루 약간씩

| 와사비 간장 드레싱 |

한식재래간장 2$\frac{1}{2}$ 큰술, 레몬즙 1큰술(+1작은술), 와사비 1작은술, 알룰로스 1$\frac{1}{2}$ 큰술, 엑스트라 버진 올리브오일 2큰술, 소금·후춧가루 약간씩

how to

1 냉동 해물 믹스는 흐르는 물에 가볍게 씻은 뒤 끓는 물에 넣고 데친다. 익은 해물은 체에 밭쳐 찬물에 헹궈 물기를 뺀다.

2 주키니는 스피럴라이저나 채칼로 길게 국수처럼 자른다.

3 토마토 마리네이드를 준비하고 양파는 얇게 채를 썬다. 분량의 드레싱 재료는 모두 섞어둔다.

4

달군 팬에 오일을 두르고 주키니 면을 넣어 볶는다. 이때 너무 오래 볶으면 물러지고 수분이 많이 생기기 때문에 센 불에서 소금, 후춧가루로 가볍게 간해서 볶는다. 주키니가 파랗게 변하면 팬에서 내려 접시에 담아둔다.

5

주키니면 위에 ①의 삶은 해물과 준비해둔 토마토 마리네이드를 얹고, ③에서 만든 드레싱을 곁들여 낸다.

Seafood Cold Udon Salad

○ 해물 곤약 우동면 샐러드 ○

LC(저탄수화물)

WF(NO 밀가루)

GF(NO 글루텐)

냉우동 샐러드는 개인적으로 손님 초대 요리로 많이 활용하는 샐러드 중 하나입니다. 단순한 재료로 만들지만 우동면이 들어있어 푸짐해 보이고 또 맛도 정말 좋거든요.

쫄깃한 우동의 식감이 차가운 샐러드에 들어가 더욱 쫀득해지고 채소들과 잘 어우러져 맛이 좋아요. 여기에서는 새우만 넣었지만, 오징어나 홍합살 등 다양한 해산물을 넣어 만들어도 좋습니다. 보코치니 치즈는 꼭 넣기를 추천합니다. 보코치니가 들어가면 그 특유의 부드러운 식감과 담백한 맛이 샐러드의 맛을 한층 업그레이드시켜줍니다.

INGREDIENTS (2인분)

곤약 우동면 1봉(또는 면두부), 양상추 3장, 칵테일 새우 100g, 오이·빨강·노랑 파프리카 1/4개씩, 방울토마토 5개, 보코치니 치즈 10개

오리엔탈 드레싱 |
한식재래간장 2½큰술, 굴소스·레몬즙 1/2큰술씩, 맛술·식초·참기름·엑스트라 버진 올리브오일 1큰술씩, 알룰로스 2큰술, 검은깨 약간

how to

1   곤약 우동면 또는 면두부는 차가운 물에 가볍게 씻은 뒤 체에 받쳐 물기를 뺀다. 우동면은 끓는 물에 넣어 삶는다. 면이 풀어지고 잘 익으면 건져 찬물에 헹구고 체에 받쳐 물기를 뺀다.

2   양상추는 2㎝ 폭으로 썬 뒤 물로 깨끗하게 씻어서 물기를 뺀다.

3   칵테일 새우는 끓는 물에 데치고 찬물에 헹궈 둔다.

4   오이, 파프리카는 방울토마토 정도의 크기로 깍둑썰기한다. 방울토마토는 반으로 자른다.

5   분량의 드레싱 재료는 모두 볼에 담고 골고루 섞는다. 보코치니 치즈도 준비한다.

6   볼에 모든 재료와 드레싱을 넣고 잘 버무리듯 섞어서 그릇에 담는다.

Lentils Smoked Salmon Salad

LC(저탄수화물)

WF(NO 밀가루)

GF(NO 글루텐)

○ 렌틸콩 훈제 연어 샐러드 ○

훈제 연어는 특유의 맛도 있고 보관이 쉬워서 샐러드의 주재료로 많이 사용됩니다. 생연어보다 보관도 쉽고 오래 보관할 수 있어서 간편하게 샐러드를 만들기에 좋은 재료이지요. 렌틸콩을 더해 고소하면서도 포만감 있는 한 끼 식사를 완성해보세요.

ingredients

(1인분)
어린 시금치 50g, 훈제 연어 100g, 방울토마토 5~6개, 삶은 렌틸콩 5큰술, 양파 1/4개, 레몬 2쪽

레몬 케이퍼 드레싱 |
레몬즙 2큰술, 식초·디종머스터드 1작은술씩, 알룰로스 1½큰술, 다진 케이퍼 1큰술, 소금·후춧가루 약간씩, 엑스트라 버진 올리브오일 3큰술

how to

1. 시금치는 물로 깨끗이 씻어서 물기를 뺀다.
2. 방울토마토는 반으로 썰고 양파는 얇게 채를 썬다. 렌틸콩은 삶아 물기를 뺀다.
3. 분량의 드레싱 재료를 볼에 모두 넣고 잘 섞어 드레싱을 준비한다.
4. 접시에 시금치를 담고 그 위에 준비한 훈제 연어와 토마토, 렌틸콩, 양파를 모두 올린 뒤 레몬과 드레싱을 곁들여 낸다.

Teriyaki Salmon Salad

◦ 데리야키 연어 샐러드 ◦

LC (저탄수화물)

WF (NO 밀가루)

GF (NO 글루텐)

연어는 담백한 맛이 좋아 샐러드의 단골 재료로 자주 사용되지요. 생연어도 좋고 훈제 연어도 좋지만, 연어를 데리야키 소스에 조리듯 구워내면 짭짤하면서도 달콤한 맛으로 맛있게 먹을 수 있어요. 특히나 신선한 연어를 딜과 함께 조리하면 딜 특유의 향이 잘 어우러져 자칫 비릿할 수 있는 연어의 맛을 잘 잡아준답니다. 여기에 줄기콩을 볶아 내어 함께 먹으면 식감이 잘 어울려 맛있는 한 끼 식사 같은 샐러드를 즐길 수 있을 거예요.

INGREDIENTS (2인분)

연어 300g, 어린 시금치 40g, 당근 20g, 양파 1/4개, 레몬 2쪽, 줄기콩 5~6개, 딜 1줄기, 무염버터 1큰술, 소금·후춧가루 약간씩, 올리브오일 2큰술

데리야키 소스 |
한식재래간장 1½큰술, 굴소스 1작은술, 맛술·알룰로스 1큰술씩, 물 2큰술

연겨자 오리엔탈 드레싱 |
한식재래간장·엑스트라 버진 올리브오일 2큰술씩, 연겨자·레몬즙·참기름 1작은술씩, 식초·알룰로스 1큰술씩, 검은깨 2작은술

how to

1 연어는 핏물을 닦아내고 소금, 후춧가루를 가볍게 뿌린 뒤 올리브오일을 골고루 바르고 딜을 올려 잠시 재워둔다.

2 어린 시금치는 물로 씻어서 물기를 뺀다. 당근, 양파는 채를 썰고 레몬은 동그란 모양을 살려서 썬다.

3 달군 팬에 올리브오일을 두르고 센 불에서 줄기콩을 올려 재빠르게 볶는다. 소금, 후춧가루로 간 한 뒤 파랗게 색이 변하면 꺼내 따로 담아둔다.

4 팬에 오일을 두르고 밑간한 연어를 올려 굽는다. 껍질 쪽을 아래로 가게 해서 올린 뒤 버터를 녹이고 중약불에서 겉면에 노릇해지도록 굽는다.

5 연어의 겉면에 앞뒤로 노릇해지면 약불로 줄이고 분량의 데리야키 소스를 뿌려 조리듯 굽는다. 이때 연어가 너무 두꺼우면 뚜껑을 덮어 속까지 완전히 익도록 한 뒤 뚜껑을 열어 수분을 날리고 소스가 윤기가 나도록 조린다.

6 분량의 드레싱 재료는 모두 볼에 담고 골고루 섞어둔다.

7 접시에 시금치를 깔고 구운 연어와 줄기콩, 손질해둔 채소를 담고 드레싱을 곁들여 낸다.

Salmon Poke Salad

○ 연어 포케 샐러드 ○

LC(저탄수화물)

WF(NO 밀가루)

GF(NO 글루텐)

포케는 하와이말로 '자른다.'라는 뜻이에요. 하와이에서 참치를 깍둑썰기해서 여러 가지 채소나 아보카도 등과 함께 먹기 시작한 것에서 유래되었답니다. 어찌 보면 우리의 회덮밥 느낌이라고 할 수도 있어요. 요즘에는 포케가 전 세계적으로 인기가 많아져 다양한 종류의 포케를 파는 곳이 많이 생기고 있어요. 특히나 쉽게 구할 수 있는 생연어로 만드는 포케가 가장 대중적으로 인기가 있어요. 생연어와 잘 어울리는 아보카도와 씹히는 맛과 포만감을 더해줄 흑미밥을 곁들여 보기에도 푸짐한 한 그릇의 포케 샐러드를 즐겨 보세요.

Ingredients (1인분)

생연어 100g, 어린잎 채소 70g, 오이·당근 30g씩, 래디시 1개, 망고·아보카도 1/4개씩, 적양파 1/6개, 삶은 완두콩 2~3큰술, 흑미밥 1/2공기

*저탄수화물 레시피 |
흑미밥 → 생략 또는 면두부 대체, 망고 생략

스리라차 마요 드레싱 |
마요네즈 2½큰술, 스리라차 소스·레몬즙·다진 양파 1큰술씩, 알룰로스 1½큰술

how to

1 흑미로 밥을 지어 둔다.

2 생연어는 한입 크기로 깍둑깍둑 썬다.

3 어린잎 채소는 물로 씻고 물기를 빼둔다.

4 오이, 당근은 스파이럴라이저로 면처럼 썬다. 래디시는 얇게 썰고 양파는 채를 썬다. 망고와 아보카도는 껍질을 벗기고 한입 크기로 깍둑깍둑 썬다. 완두콩도 삶아서 준비한다.

5 분량의 드레싱 재료는 모두 볼에 담고 골고루 섞어둔다.

6 그릇에 어린잎 채소를 깔고 연어와 손질해둔 재료를 모두 올린 뒤 드레싱을 곁들여 낸다.

Anchovy Pasta Salad

○ 안초비 파스타 샐러드 ○

LC(저탄수화물)

WF(NO 밀가루)

안초비는 지중해나 유럽 근해에서 나는 멸치류의 작은 물고기, 또는 이것을 절여서 발효시킨 젓갈을 말해요. 보통 마트나 인터넷 등으로 쉽게 구할 수 있는데 직접 보면 포를 뜬 멸치를 가지런히 오일에 담근 모습이에요. 우리의 젓갈과 같이 짭짤하지만 감칠맛이 돈답니다. 이 안초비는 이탈리안 요리에 많이 쓰여서 파스타나 샐러드 요리에 자주 사용되지요. 안초비를 넣은 파스타는 특별한 재료 없이도 감칠맛과 담백한 맛이 좋답니다. 여기에 알싸한 맛의 루콜라를 곁들인 이색적인 샐러드를 즐겨보세요.

INGREDIENTS (1인분)

파스타면 50g, 어린잎과 루콜라 50g, 마늘·안초비 2쪽씩, 건고추 2개, 블랙올리브·그린올리브 4개씩, 썬드라이 토마토 5~6개, 올리브오일 2큰술, 소금·후춧가루 약간

| 안초비 드레싱 |
안초비 1쪽, 화이트와인 식초 1 $\frac{1}{2}$ 큰술, 다진 마늘 1/2작은술, 레몬즙 1작은술, 알룰로스 1큰술, 엑스트라 버진 올리브오일 3큰술, 후춧가루 약간

* **저탄수 NO 밀가루 레시피** | 파스타 → 통밀 파스타 대체

how to

1 샐러드 채소는 물로 깨끗하게 씻고 물기를 뺀다.

2 파스타면은 삶아서 체에 밭쳐 물기를 뺀다.

3 마늘은 저미고 안초비는 적당히 찢어둔다. 블랙올리브와 그린올리브는 씨를 빼고 반으로 자른다.

4 분량의 드레싱 재료는 모두 볼에 담고 골고루 섞어둔다. 이때 안초비는 잘게 다져 넣는다.

5 달군 팬에 올리브오일을 두르고 마늘을 넣어 굽는다. 마늘이 노릇하게 익으면 삶은 파스타와 안초비, 건고추를 넣어 함께 볶는다. 소금, 후춧가루를 넣고 오일이 파스타면에 잘 입혀지면 꺼내 둔다.

6 그릇에 손질해둔 샐러드 채소와 올리브, 썬 드라이 토마토를 담고 ⑤의 파스타를 함께 담는다. 드레싱도 함께 곁들여 낸다.

Yam Woon Sen Salad

○ 얌운센 샐러드 ○

LC(저탄수화물)

WF(NO 밀가루)

GF(NO 글루텐)

'얌운센(yam woon sen)'은 태국 요리의 한 종류로 아주 얇은 녹두로 만든 당면에 채소, 고기, 소스를 넣은 샐러드랍니다. 꼭 쌀국수처럼 생겼지만 얇은 녹두로 만든 당면은 씹는 식감도 좋고 많이 붇지도 않아서 여름에 먹기 좋은 샐러드에요.

새우나 냉장고속 해물을 데쳐서 피시소스를 넣어 만든 소스에 버무리면 간단하면서도 맛있는 샐러드가 됩니다. 특히 고수를 좋아하신다면 듬뿍 넣어 만들어 보세요. 고수의 맛과 향이 배가 되어 더욱 샐러드의 맛을 업그레이드시켜준답니다. 이색적인 맛의 얌운센 샐러드는 여름에 시원하게 먹을 수 있는 샐러드로 추천해요.

Ingredients (1인분)

녹두 당면 50g, 오이·적양파 1/4개씩, 방울토마토 5개, 칵테일 새우 100g, 고수 적당량, 다진 땅콩 1큰술

* 저탄수화물 레시피 |
녹두 당면 → 면두부 또는 실곤약 대체

얌운센 소스 |
피시소스 3큰술, 스리라차 소스·알룰로스 2큰술씩, 레몬즙 1큰술, 물 1½큰술, 다진 마늘 1/2큰술, 청·홍고추 1/2개씩

how to

1

녹두 당면은 찬물에 30분 정도 담가 불린다. 불린 당면은 뜨거운 물에 30초 넣어 삶은 뒤 찬물에 다시 헹구고 체에 밭친다.

2

오이는 반으로 잘라 어슷하게 썰고, 방울토마토는 반으로 자른다. 양파는 채를 썬다.

3

분량의 드레싱 재료는 모두 볼에 담고 골고루 섞어둔다. 이때 청, 홍고추는 얇게 송송 썰어둔다.

4

새우는 끓는 물에 데쳐 충분히 익히고 찬물에 헹귀 식힌다. 다친 땅콩도 준비해둔다.

5

준비한 재료는 모두 볼에 담고 드레싱을 넣어 버무린다. 다 버무린 샐러드는 그릇에 담고 다진 땅콩과 다진 고수를 뿌려 완성한다.

Octopus And Potato Salad

WF(NO 밀가루)

GF(NO 글루텐)

○ 문어 감자 샐러드 ○

예전에 스페인에 여행을 갔을 때 현지인들이 많은 식당을 가게 되었는데, 직원분에게 특별히 메뉴 추천을 부탁해서 '뽈뽀'라는 요리를 먹었던 적이 있어요. 문어와 감자를 익혀서 올리브오일에 버무려준 그 요리가 너무 맛있었던 기억이 납니다. 문어를 삶고 감자도 충분히 익힌 뒤 질 좋은 올리브오일에 버무리기만 하면 되는 간단한 레시피 이지만 한번 맛보면 자꾸 생각나는 샐러드가 될 거예요.

ingredients

(2인분)
자숙문어·알감자 300g씩, 셀러리 1/3대, 소금·파프리카 가루 약간씩

레몬 허브 드레싱 |
레몬즙 1큰술, 엑스트라 버진 올리브오일 3큰술, 소금·후춧가루 약간씩, 다진 파슬리 1½큰술

how to

1. 알감자는 깨끗이 씻어 너무 큰 것은 반으로 잘라 삶는다. 냄비에 넣고 충분히 잠기도록 물을 붓고 소금을 약간 넣어 삶는다. 감자가 완전히 다 익으면 물을 따라 버리고 남은 열로 수분을 날린다. 셀러리는 얇게 썬다.
2. 문어는 끓는 물에 넣어 삶는다. 자숙문어를 사용해도 좋다.
3. 삶은 문어는 한입 크기로 썬다.
4. 분량의 드레싱 재료는 모두 볼에 담고 골고루 섞는다.
5. 새로운 볼에 삶은 문어와 익힌 감자, 셀러리를 넣고 드레싱을 뿌려 골고루 버무린다.
6. 완성된 샐러드를 접시에 담고 파프리카 가루를 뿌려 낸다.

Webfoot Octopus Salad

LC(저탄수화물)

WF(NO 밀가루)

GF(NO 글루텐)

○ 주꾸미 샐러드 ○

주꾸미는 낙지나 오징어와는 또 다른 식감을 가지고 있어 데쳐서 샐러드에 곁들이면 씹는 식감이 좋은 해산물 샐러드로 즐길 수 있어요. 여기에 매콤한 청양고추를 다져 넣은 드레싱을 곁들여서 먹으면 자칫 해산물 특유의 비릿함을 느낄 겨를 없이 깔끔하고 매콤한 맛으로 즐길수 있답니다.

ingredients

(1인분)
주꾸미 6마리(밀가루 2큰술 씻는 용), 어린잎 채소 40g, 부추 30g, 양파·사과 1/4개씩

청양고추 드레싱
한식재래간장·까나리액젓·맛술 1큰술씩, 식초·알룰로스 1½큰술씩, 다진 마늘 1작은술, 참기름·다진 청양고추 2큰술씩, 참깨 약간

how to

1. 주꾸미는 밀가루를 넣고 바락바락 문질러 빨판 사이의 이물질이 제거되도록 한 뒤 깨끗한 물로 여러 번 헹궈낸다.

2. 끓는 물에 주꾸미를 넣고 1~2분 정도 데친 뒤 체에 밭쳐 식힌다.

3. 어린잎 채소는 깨끗이 씻어 물기를 빼고 부추는 손질해서 씻은 뒤 4㎝ 길이로 썬다. 양파는 얇게 채를 썰고 사과는 씨를 제거한 뒤 껍질째 얇게 썬다.

4. 분량의 드레싱 재료는 모두 볼에 담고 골고루 섞어둔다.

5. 그릇에 어린잎 채소와 손질한 양파, 부추, 사과를 섞어서 담는다. 그 위에 데친 주꾸미를 올리고 드레싱을 뿌려 낸다.

Tuna Olive Salad

○ 참치 올리브 샐러드 ○

LC(저탄수화물)

WF(NO 밀가루)

GF(NO 글루텐)

참치는 담백하면서 맛도 좋아서 샐러드의 토핑으로 자주 쓰이는 재료 중 하나입니다. 참치에 셀러리를 넣어 느끼함을 없애고 올리브를 더해 고소한 맛을 더하고 올리브를 듬뿍 넣어 만들기를 추천합니다. 그리고 아삭한 식감이 좋은 엔다이브를 곁들여서 참치샐러드를 올려 먹으면 더욱 맛있답니다. 엔다이브가 아니더라도 양상추나 비스킷 등에 올려 먹어도 좋습니다.

INGREDIENTS (2인분)

참치통조림 1개, 오이·적양파 30g씩, 셀러리 40g, 엔다이브 5~6장(양상추 또는 통밀 비스킷), 블랙올리브·그린올리브 5개씩, 케이퍼 5~6개 정도

케이퍼 레몬 드레싱
레몬즙·다진 케이퍼 1큰술씩, 엑스트라 버진 올리브오일 2큰술, 소금·후춧가루 약간씩

$$\begin{array}{c}\text{how}\\\text{to}\end{array}$$

1

참치는 체에 밭쳐 기름기를 뺀다.

2

오이와 양파는 다지듯 썰고 셀러리는 얇게 썬다. 엔다이브는 씻어서 물기를 뺀다.

3

블랙올리브와 그린올리브는 씨가 없는 것으로 준비해 반으로 썰고 케이퍼는 적당히 다지듯 썬다.

4

분량의 드레싱 재료는 볼에 담고 골고루 섞어둔다. 이때 케이퍼는 다지거나 포크로 으깨 넣는다.

5

볼에 참치, 오이, 양파, 셀러리, 올리브, 케이퍼를 넣고, 만들어 둔 드 레싱을 넣어 잘 버무린다.

6

잘 버무려진 샐러드를 볼에 담고 엔다이브를 곁들인다.

Seasoned Cockles Salad

○ 꼬막무침 샐러드 ○

LC(저탄수화물)

WF(NO 밀가루)

GF(NO 글루텐)

꼬막무침은 제철이 되면 꼭 먹어야 할 정도로 맛있는 인기 음식 중 하나예요. 그런데 꼬막은 사실 손질하기가 번거롭지요. 저는 그래서 통조림으로 나온 꼬막을 활용하곤 해요. 손질이 다 되어 있어서 아주 편리하게 이용할 수 있답니다. 오이고추를 송송 썰어 넣고 부추를 더해 매콤한 양념에 버무리면 손쉽게 꼬막무침을 샐러드로 만들 수 있어요.

ingredients

(2인분)

꼬막 통조림 1캔(150g), 오이고추 2개, 부추 40g, 양파 1/4개, 양상추 2장

무침 소스 |

고춧가루 2큰술, 까나리액젓 1/2큰술, 한식재래간장·참기름 1큰술씩, 다진 마늘 1작은술, 에리스리톨 1½큰술, 후춧가루·참깨 약간씩

how to

1 꼬막은 체에 밭쳐 물기를 뺀다.

2 고추는 송송 썰고 부추도 먹기 좋게 1㎝ 길이로 송송 썬다. 양파는 채를 썬다.

3 양상추는 2㎝ 정도의 길이로 썰어 찬물에 담갔다가 물기를 뺀다.

4 분량의 양념장 재료는 모두 볼에 담고 잘 섞어둔다.

5 볼에 손질한 채소와 꼬막을 넣고 양념장을 넣어 골고루 버무린다.

6 접시에 양상추를 담고 꼬막무침을 곁들인다.

Shirataki Sea Snail Salad

○ 곤약면 골뱅이 샐러드 ○

- LC(저탄수화물)
- WF(NO 밀가루)
- GF(NO 글루텐)

골뱅이는 쫄깃한 식감과 감칠맛이 좋아서 샐러드로 즐기면 담백하고 맛있답니다. 다양한 채소를 곁들였는데 이때 쑥갓은 꼭 넣어서 만드시기를 추천합니다. 쑥갓 특유의 향이 허브처럼 입맛을 돋워주거든요. 그리고 국수나 소면 대신 곤약면을 더해 탄수화물 걱정 없이 먹을 수 있어요.

ingredients

(2인분)
통조림 골뱅이 1캔, 실곤약 1봉, 양배추·적양배추 50g씩, 양파 1/4개, 오이·당근 30g씩, 쑥갓 40g

겨자 오리엔탈 드레싱 |
한식재래간장 2½ 큰술, 굴소스·레몬즙·연겨자 1/2큰술씩, 맛술·식초 1큰술씩, 알룰로스·참기름 2큰술씩, 참깨 약간

how to

1. 실곤약은 물에 씻은 뒤 물기를 빼둔다.
2. 골뱅이는 체에 밭쳐 물기를 빼고, 너무 큰 것은 반으로 자른다.
3. 분량의 드레싱 재료는 모두 볼에 담아 골고루 섞어둔다.
4. 양배추, 적양배추, 양파는 곱게 채를 썬다.
5. 오이와 당근은 스피럴라이저에 돌려 길게 썰고, 쑥갓은 질긴 줄기를 잘라내고 먹기 좋게 썬다.
6. 접시에 준비한 골뱅이와 나머지 샐러드 재료를 모두 둘러 담고, 드레싱을 곁들여 낸다.

Salad

LESSON 4
포만감 있게 먹고 싶은 날에

든든한 샐러드 한 끼
| 채소, 과일, 통곡물, 달걀, 유제품+육류 |
플렉시테리언(때때로 육류 섭취)

가끔 든든하게 한 끼를 챙기고 싶은 날이나 상황에 따라 고기를 먹어야 할 때 좋은 샐러드 레시피입니다. 고기를 좋아하시는 분들도 고기를 드실 때 다양한 채소를 샐러드로 함께 먹으면 의식하지 않아도 채소를 많이 먹을 수 있게 됩니다. 과식하지 않을 정도의 적절한 육류를 조리하고 그에 어울리는 샐러드를 함께 즐기면 좋은 단백질을 섭취하는데 도움이 될 거예요. 돼지고기, 소고기, 닭고기 이외에도 오리, 하몽, 소시지 등 다양한 육류와 육가공품을 이용한 여러가지 레시피를 소개합니다. 때때로 육류를 허용하는 플렉시테리안을 지향하는 샐러드 레시피입니다.

※ 마요네즈, 그릭 요거트를 각각 두유 또는 두부 마요네즈, 두유 그릭 요거트로 대체하면 더 가볍게 즐길 수 있어요.

Chicken Breast Cranberry Salad

○ 닭가슴살 크랜베리 샐러드 ○

WF(NO 밀가루)

GF(NO 글루텐)

샐러드 토핑에서 가장 많이 올라가는 음식 재료는 닭가슴살 아닐까요. 지방이 적고 단백질이 가득해서 샐러드에 많이 이용되지만 퍽퍽한 식감에 질릴 때가 있어요. 그럴 때 저는 닭가슴살을 잘게 다져서 스프레드로 만들어 먹어요. 그러면 닭가슴살 특유의 퍽퍽함은 사라지고 고소한 맛의 스프레드가 만들어지거든요. 이 스프레드는 샐러드로 즐겨도 좋지만, 샌드위치에 넣어 먹어도 좋아요. 여기에 새콤한 크랜베리를 곁들이면 느끼하지 않게 즐길 수 있답니다. 주말 브런치 메뉴로도 추천해드리고 싶어요.

INGREDIENTS (1인분)

어린잎 채소믹스 70g, 닭가슴살 1쪽(마늘·생강 1쪽씩, 통후추 약간), 방울토마토 5개, 래디시 2개, 건 크랜베리 2큰술, 파르메산 치즈 가루 약간

아몬드 요거트 드레싱 |
마요네즈·다진 아몬드 2큰술씩, 그릭 요거트 3큰술, 레몬즙 2작은술, 알룰로스 1/2큰술, 마늘 가루 1/2작은술, 소금·후춧가루 약간씩

how to

1   냄비에 닭가슴살이 잠길 정도로 물을 붓고 마늘 생강, 통후추를 넣어 삶는다. 10분 정도 삶아 닭가슴살이 다 익으면 꺼내 식힌다. 익은 닭가슴살은 칼로 곱게 다진다.(혹은 푸드프로세서에 곱게 갈아도 좋다.) 채소믹스는 물로 깨끗이 씻어 물기를 빼둔다.

2   볼에 분량의 드레싱 재료를 모두 넣고 골고루 섞는다. 이때 아몬드는 곱게 갈아 넣어도 좋고, 씹히는 맛이 좋다면 적당히 다져 넣어도 좋다.

3   다진 닭가슴살을 볼에 담고 건 크랜베리와 드레싱의 2/3을 넣어 골고루 섞는다.

4   그릇에 깨끗이 씻은 샐러드용 채소를 담고 그 위에 얇게 썬 래디시와 반으로 자른 토마토를 올린 뒤 드레싱과 섞은 닭가슴살을 스쿱으로 퍼서 올린다. 위에 파르메산 치즈 가루를 뿌리고 남은 드레싱을 곁들여 낸다.

Cobb Salad

○ 콥 샐러드 ○

LC(저탄수화물)

WF(NO 밀가루)

GF(NO 글루텐)

다양한 재료를 올려 푸짐하게 한 끼 식사로 즐기기 좋은 샐러드의 대명사는 콥 샐러드가 아닐까 생각해요.

좋아하는 스테이크 식당이 있는데 이곳의 콥 샐러드가 너무 맛있어서 가끔 샐러드만 먹으러 갈 때도 있을 정도로 개인적으로 참 좋아하는 샐러드입니다.

양상추와 함께 맛있게 구운 닭가슴살과 다양한 재료들, 특히 잘 익은 아보카도를 곁들이면 다 함께 어우러져 얼마나 맛있는지 몰라요. 다양한 재료가 들어가기 때문에 한 그릇 먹으면 정말 든든하지요.

레시피에 있는 재료를 꼭 고집할 필요는 없어요. 집에 있는 다양한 채소들을 활용해서 나만의 콥 샐러드를 만들어 보아도 좋을 것 같아요.

INGREDIENTS (2인분)

닭가슴살 1쪽, 베이컨 4쪽, 아보카도 1/2개, 삶은 달걀 1개, 오이·적양파 1/4개씩, 방울토마토 5개, 양상추 1/4통, 페타 치즈 20g, 소금·후춧가루 약간씩, 올리브오일 1큰술

씨겨자 마요 드레싱 |
마요네즈 3큰술, 화이트와인 식초·홀그레인머스터드 1큰술씩, 알룰로스 1/2큰술, 소금·후춧가루 약간씩

how
to

1 닭가슴살은 소금, 후춧가루로 밑간을 한 뒤에 올리브오일을 두른 팬에 올려 노릇하게 굽는다. 닭가슴살이 도톰해서 안 익을 수 있으므로 뚜껑을 덮어 약한 불에서 천천히 속까지 완전히 익힌다.

2 베이컨은 노릇하게 구워 도톰하게 썰고 익은 닭가슴살도 먹기 좋게 썬다.

3 양상추는 1~2cm 정도의 두께로 채를 썰 듯이 썰어서 깨끗이 씻은 뒤 물기를 뺀다.

4 아보카도는 껍질과 씨를 제거하고 얇게 썬다. 삶은 달걀, 오이는 깍둑썰기하듯 썰고 방울토마토는 4등분 한다. 양파는 얇게 채를 썰고 페타 치즈는 먹기 좋은 크기로 잘라둔다.

5   분량의 드레싱 재료는 모두 볼에 담고 골고루 섞어둔다.

6   접시에 양상추를 깔고 준비한 샐러드 재료를 가지런히 담는다. 드레싱을 곁들여 낸다.

　　·TIP·　콥 샐러드를 먹을 때에는 드레싱을 뿌리고 재료를 모두 골고루 섞어서 먹어야 맛이 좋아요.

Chicken Teriyaki Salad

○ 치킨 데리야키 샐러드 ○

LC(저탄수화물)

WF(NO 밀가루)

GF(NO 글루텐)

다이어트 중이지만 치킨을 포기할 수는 없죠! 바삭바삭한 치킨은 아니지만 닭고기를 데리야키 소스에 재워 구운 뒤 샐러드에 곁들이면 적은 양이지만 푸짐하게 치킨을 즐길 수 있답니다. 닭고기는 꼬치에 꽂아 굽고 라임주스를 곁들인 드레싱과 함께 먹으면 동남아 어딘가에서 즐기는 한 끼 식사의 느낌을 가질 수 있을 거예요. 늘 먹던 닭가슴살 대신 지방이 적절히 있는 닭 정육을 이용해서 만들었어요. 닭 정육 대신 닭가슴살이나 닭 안심을 이용해서 만들어도 좋아요. 이 닭고기 꼬치는 넉넉히 구워 아이들 간식으로도 좋습니다.

INGREDIENTS (1인분)

닭 양념 |
닭 정육 150g, 한식재래간장·생강술 1큰술씩, 굴 소스 1작은술, 에리스리톨·알룰로스 2작은술씩, 후춧가루 약간

재료 |
샐러드용 채소(로메인, 적상추 등) 70g, 오이·당근·적양파 1/4 개씩, 파인애플 링 2쪽, 식용유 적당량

피시소스 라임 드레싱 |
피시소스·엑스트라 버진 올리브오일 2큰술씩, 한식재래간장·레몬즙 1작은술씩, 맛술 1큰술, 라임즙·알룰로스 1½ 큰술씩, 다진 청·홍고추 1큰술씩

$\genfrac{}{}{0pt}{}{how}{to}$

1. 샐러드용 채소는 먹기 좋은 크기로 잘라 씻은 뒤 물기를 뺀다.

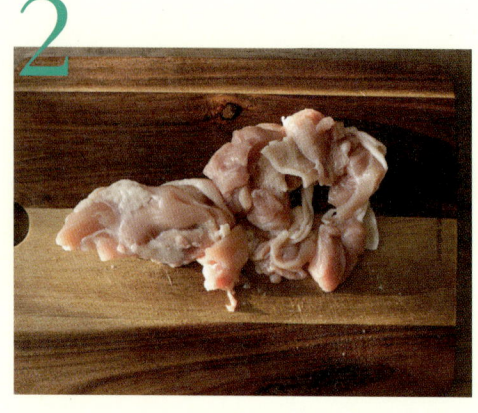

2. 닭 정육은 깨끗이 씻어서 한입 크기로 자른다.(이때 닭 껍질을 좋아하지 않는다면 제거해도 좋다.)

3. 손질한 닭고기를 볼에 넣고 분량의 양념 재료를 넣은 뒤 버무려 잠시 재워둔다.

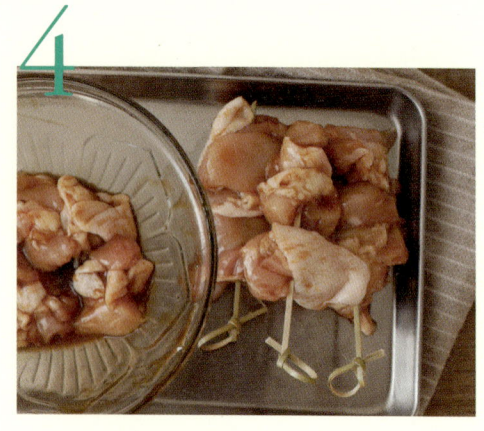

4. 밑간한 닭고기를 꼬치에 꽂는다.

5

오이와 당근은 스피럴라이저에 돌려 국수처럼 자르고, 양파는 동그란 모양을 살려 얇게 썬다. 파인애플도 한입 크기로 썬다.

6

분량의 드레싱 재료는 모두 볼에 담고 골고루 섞어둔다.

7

달군 팬에 오일을 두르고 닭고기 꼬치를 올려 굽는다. 이때 양념이 쉽게 탈 수 있기때문에 약한 불에서 속까지 완전히 익도록 천천히 굽는다.

8

볼에 채소를 담고 그 위에 구운 닭고기 꼬치와 준비한 드레싱을 곁들여 완성한다.

Bean Stem Oat Chicken Breast Salad

◦ 줄기콩 귀리 닭가슴살 샐러드 ◦

LC(저탄수화물)

WF(NO 밀가루)

GF(NO 글루텐)

10대 슈퍼푸드에 포함된 귀리는 다이어트 식품으로도 인기가 많아요. 다른 곡류보다 단백질, 필수아미노산, 수용성 섬유질이 풍부한 식품입니다. 보통 밥에 넣어 먹기도 하지만 이 귀리를 가공한 제품인 오트밀로 많이 알려져 있죠.

귀리 특유의 식감이 톡톡 씹히면서 샐러드의 맛을 업그레이드시킵니다. 여러 가지 채소들을 준비해서 만든 샐러드에 이 귀리를 곁들이면 꼭 밥을 먹는 것 같은 기분도 들고 무엇보다 포만감도 좋아서 꽤 든든합니다. 귀리 특유의 씹는 식감이 좋은 샐러드에 새싹채소를 더해 쌉쌀하면서도 고소한 샐러드를 즐겨 보세요.

INGREDIENTS (1인분)

구운 닭가슴살 1쪽, 양송이버섯 3개, 빨강·노랑 파프리카 1/4개씩, 줄기콩 4개, 삶은 귀리 2/3컵, 새싹채소 40g, 올리브오일 2큰술, 소금·후춧가루 약간씩

* 저탄수 레시피 |
삶은 귀리 → 생략
매실청 → 알룰로스 대체

매실청 드레싱 |
한식재래간장·들기름 2큰술씩, 매실청 1큰술(+1작은술), 식초 1작은술, 후춧가루 약간

how to

4 귀리는 씻어서 냄비에 넣고 충분히 잠길 정도의(3~4
 배 정도) 물을 붓고 삶는다. 15분 정도 삶다가 불을 끄
 고 5분 정도 뜸을 들인 뒤에 체에 밭쳐 물기를 뺀다.

5 달군 팬에 올리브오일을 두르고 손질해둔 버섯을 올
 려 볶는다. 버섯이 기름을 머금고 부드러워지면 줄기
 콩도 넣어 센 불에서 볶는다. 소금, 후춧가루로 간을 하
 고 줄기콩이 파랗게 익으면 접시에 따로 담아 식힌다.

1 새싹채소는 물로 씻은 뒤 체에 밭쳐 물기를 뺀다. 분
 량의 드레싱 재료는 모두 볼에 담고 골고루 섞어둔다.

2 구운 닭가슴살은 먹기 좋은 크기로 찢어둔다.

3 양송이버섯은 저며 썰고, 파프리카는 옥수수알 크기
 로 썬다. 줄기콩은 3~4 등분 한다.

6 볼에 준비한 모든 재료를 담고, ①에서 만든 드레싱은
 취향껏 넣어 잘 섞은 뒤 그릇에 담아 완성한다.

Taco Salad

◦ 타코 샐러드 ◦

LC(저탄수화물)

WF(NO 밀가루)

GF(NO 글루텐)

타코는 토르티야나 나초에 다양한 채소와 고기, 살사 등을 넣어 먹는 멕시코 스타일의 요리에요. 이 타코를 샐러드 스타일로 만들어 보았어요.

닭가슴살을 맛있게 굽고 아보카도와 옥수수 등 다양한 채소를 함께 곁들여 샐러드를 만들고 소스로는 토마토 살사를 만들었어요. 토마토 살사는 칼로리가 높지 않고 토마토를 듬뿍 넣어 만들어 부담감 없이 많이 먹을 수 있답니다.

약간의 나초를 곁들여 맥주 안주로 먹어도 좋을 것 같아요. 멕시코 요리를 좋아하는 분들에게 추천하는 샐러드입니다.

INGREDIENTS (1인분)

닭가슴살 1쪽(소금·후춧가루 약간씩, 올리브오일 1큰술), 로메인 100g, 아보카도 1/2개, 옥수수알·키드니빈 3큰술씩, 나초 약간, 사워크림 1스쿱

토마토 살사(2회분)
방울토마토 6개, 다진 적양파 3큰술, 다진 마늘 1/2작은술, 다진 고수·레몬즙 1큰술씩, 소금 1/3작은술, 엑스트라 버진 올리브오일 2작은술, 알룰로스 1작은술, 다진 청양고추(취향에 따라) 약간

* **저탄수 레시피** | 옥수수알 생략
* **WF·GF 레시피** | 나초 생략

how to

1. 닭가슴살에 소금과 후춧가루를 뿌린 뒤 올리브 오일을 골고루 발라 그릴 팬에 굽는다.

2. 다 익은 닭가슴살은 먹기 좋은 크기로 썬다.

3. 로메인은 깨끗하게 씻어서 물기를 뺀 다음 2cm 두께로 썬다.

4. 아보카도는 껍질과 씨를 제거하고 얇게 썰고, 옥수수와 키드니빈은 물기를 빼둔다.

5

방울토마토는 꼭지를 떼고 4등분 혹은 더 작게 썬다. 양파도 다지고 고수도 다지듯 썬다.

6

볼에 다진 토마토와 양파, 고수, 마늘 및 나머지 살사 재료를 모두 넣어 섞는다.

· TIP ·
매운맛을 좋아한다면 청양고추를 다져 넣어도 좋아요. 냉장고에 넣어 두었다 차갑게 먹으면 더 맛있답니다.

7

볼에 손질해둔 로메인을 깔고 준비한 재료를 모두 올려 담는다. 여기에 나초를 곁들여 먹는다.

267

Spicy Chicken Salad

○ 매콤한 닭고기 샐러드 ○

LC(저탄수화물)

WF(NO 밀가루)

GF(NO 글루텐)

매콤한 닭고기를 주재료로 하는 샐러드입니다. 닭갈비처럼 매콤한 양념을 해서 닭고기를 굽고 거기에 양배추와 부추를 듬뿍 곁들여서 먹으면 부담스럽지 않은 샐러드로 즐길 수 있어요. 매콤한 맛이 생각날 때 만들어 먹으면 좋은 샐러드이지요. 이 닭고기와 먹는 양배추가 너무 맛있어서 개인적으로 이 샐러드를 만들 때는 양배추를 아주 듬뿍 먹게 돼요. 매실청을 넣어 매실의 향이 있는 드레싱은 느끼하지 않고 상큼하게 채소를 먹도록 해줍니다.

INGREDIENTS (2인분)

닭 정육(닭다리살) 2쪽, 양배추 100g, 부추 40g, 양파 1/4개, 식용유 1큰술

* 저탄수화물 레시피 | 매실청 → 알룰로스로 대체

닭고기 양념 |
한식재래간장 1½ 큰술, 고춧가루·알룰로스 2큰술씩, 맛술 1큰술, 다진 마늘 1/2작은술, 다진 생강·후춧가루 약간씩

간장 매실청 드레싱 |
한식재래간장 2큰술, 매실청 1½ 큰술, 식초 2작은술, 참기름 1큰술, 참깨 1작은술

how to

1 닭 정육은 물로 깨끗하게 씻어서 물기를 닦고 기름기는 제거한다. 분량의 닭고기 양념을 넣고 잘 버무려 잠시 재워둔다.

2 양배추는 최대한 얇게 채를 썰고, 부추는 4㎝ 정도의 길이로 자른다. 양파도 채를 썬다.

3 달군 팬에 기름을 두르고 양념한 닭 정육을 올려 굽는다. 양념이 되어 있어 센 불에서는 타기 쉬우므로 약한 불에서 천천히 익힌다.

4 속까지 완전히 익은 닭고기는 한 김 식힌 뒤 먹기 좋게 썬다.

5 분량의 드레싱 재료는 모두 볼에 담고 골고루 섞어둔다. 새로운 볼에 손질해둔 양배추, 부추, 양파를 넣고 드레싱을 1/2 정도 넣어 가볍게 버무린다.

6 접시에 구운 닭고기와 양념한 채소를 담고 남은 드레싱을 곁들여 낸다.

Sausage Poached Egg Salad

○ 소시지 수란 샐러드 ○

LC(저탄수화물)

WF(NO 밀가루)

GF(NO 글루텐)

수란 좋아하세요?

수란은 만들기 어렵다는 편견이 있지만, 생각보다 어렵지 않답니다. 끓는 물에 식초 넉넉히, 그리고 얌전히 달걀 넣기. 이 3가지만 생각하면 누구나 쉽게 수란을 만들 수 있어요. 이 수란을 샐러드에 간단히 곁들이기만 해도 맛있는 샐러드가 만들어져요. 녹진하고 진한 달걀노른자가 마치 드레싱처럼 여러 재료에 어우러져 깊은 맛을 내주거든요.

그래서 전 샐러드에 수란을 많이 곁들이는 편이랍니다.

바쁜 아침에 소시지를 굽고 가지고 있는 채소와 수란을 곁들여 든든하면서도 만들기 쉬운 샐러드를 즐겨보세요. 바쁜 하루에 큰 힘이 될 거예요.

Ingredients (1인분)

소시지 2개, 아스파라거스 3대, 적양배추 2장, 아보카도 1/2개, 올리브오일 2큰술, 소금·후춧가루 약간씩

* 소시지는 밀가루가 들어가지 않은 것으로 선택

수란 |
달걀 1개, 식초 2큰술

스윗 칠리 드레싱 |
스윗 칠리소스 2큰술, 다진 양파·레몬즙 1큰술씩, 포도씨유 2작은술

how to

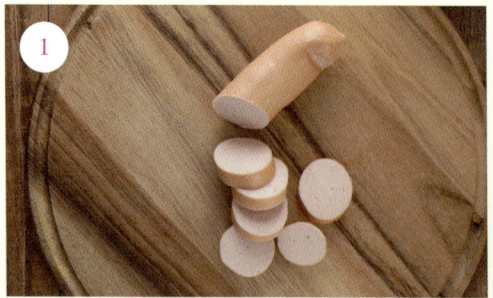

1   소시지는 동그란 모양을 살려 도톰하게 썬다.

2   아스파라거스는 필러로 껍질을 벗기고 질긴 밑동은 잘라낸 뒤 3등분 한다. 적양배추는 얇게 채를 썬다. 아보카도는 껍질을 벗기고 씨를 제거한 뒤에 한입 크기로 깍둑썰기한다.

3   냄비에 물을 붓고 끓인다. 물이 끓기 시작하면 불을 약하게 줄이고 식초를 넣어 온도를 낮춘다. 식초를 넣고 숟가락으로 물을 10번 정도 그릇 가장자리를 따라 동그랗게 저어준다.

4   달걀은 미리 그릇에 깨어 놓은 뒤 식초를 넣은 물의 가운데 부분에 천천히 넣어준다. 물이 돌아가면서 달걀이 가운데로 모이면서 익도록 가만히 둔다. 1분~1분 30초 정도 익힌 뒤 체로 건져 더 익지 않도록 찬물에 담가둔다.

5   달군 팬에 오일을 두르고 아스파라거스를 센 불에서 가볍게 익힌다. 이때 소금과 후춧가루로 간한다.

6   썰어 둔 소시지도 팬에 올려 노릇하게 굽는다.

7   분량의 드레싱 재료는 모두 볼에 담고 골고루 섞어둔다.

8   접시에 준비한 재료를 담고 수란을 올린 뒤 드레싱을 곁들여 낸다.

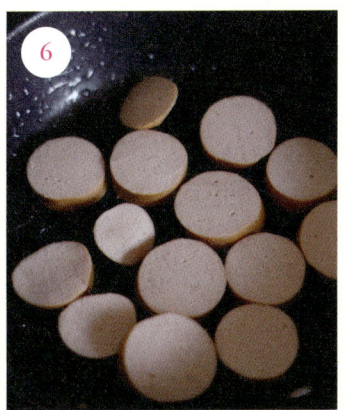

Grilled Sausage And Mashed Collie Salad

○ 소시지 구이와 매쉬드 콜리 샐러드 ○

LC(저탄수화물)

WF(NO 밀가루)

GF(NO 글루텐)

독일 사람들은 식사 때 소시지를 이용한 다양한 요리를 만들어 먹는데 보통은 감자를 추가해서 많이 먹는다고 합니다. 저는 감자 대신 칼로리와 탄수화물이 적은 콜리플라워로 샐러드를 만들었어요. 그래서 조금 더 가벼운 마음으로 즐기기 좋은 따뜻한 샐러드입니다.
소시지도 저탄수화물로 먹기 위해서는 밀가루가 들어 가지 않은 제품을 사용하면 좋아요.

INGREDIENTS (4인분)

소시지 2개, 적양파 1/2개, 올리브오일·무설탕 케첩 2큰술씩, 한식재래간장 1작은술, 알룰로스 2작은술, 후춧가루 약간

매쉬드 콜리 |
콜리플라워 200g, 브로콜리 30g, 무염버터 25g, 소금 1/2작은술, 갈릭 파우더·후춧가루 약간씩

홀그레인머스터드 마요네즈 |
비건 두부마요네즈 3큰술(p.036 참조), 홀그레인머스터드·레몬즙 2작은술씩, 소금·후춧가루 약간씩

how to

1   콜리플라워와 브로콜리는 적당히 잘라 깨끗하게 씻는다. 김이 오른 찜기 위에 손질한 콜리플라워와 브로콜리를 올리고 완전히 부드럽게 익도록 10분 정도 찐다.

2   찐 콜리블라워와 브로콜리가 뜨거울 때 핸드믹서로 곱게 갈아준다. 여기에 버터, 소금, 갈릭 파우더, 후춧가루를 넣고 잘 섞는다. (곱게 갈아야 매쉬드 포테이토 같은 식감과 맛이 난다.)

3   소시지를 준비하고, 양파는 얇게 채를 썬다.

4   분량의 홀그레인머스터드 마요네즈 재료는 모두 볼에 담고 잘 섞어 만든다.

5   달군 팬에 오일을 두르고 소시지를 올려 굽는다. 속까지 완전히 데워지도록 약한 불에서 겉면이 노릇해지도록 천천히 굽는다.

6   소시지를 구운 팬에 양파를 올리고 약한 불에서 볶는다. 양파가 투명해지면 분량의 케첩, 간장, 알룰로스, 후춧가루를 넣고 조리듯 볶는다.

7   접시에 매쉬드 콜리를 깔고, 그 위에 볶은 양파와 소시지를 담아낸다. 홀그레인머스터드 마요네즈도 함께 곁들인다.

Rucola
Jamon
Salad

○ 루콜라 하몽 샐러드 ○

(LC(저탄수화물))

(WF(NO 밀가루))

(GF(NO 글루텐))

하몽은 돼지 뒷다리의 부분을 통째로 잘라 소금에 절이고 건조·숙성시켜 만든 스페인의 대표적인 생햄입니다. 요즘에는 많은 분이 하몽의 맛을 알고 인기가 많아져서 마트나 백화점에서도 쉽게 구할 수 있게 되었지요. 그냥 먹기에는 짠맛이 강해서 빵에 끼워 먹거나 과일과 함께 먹기도 하고 샐러드에도 곁들이기 좋은 햄이랍니다. 햄의 짭짤한 맛을 중화시켜 줄 크림 같은 부라타 치즈, 달콤한 청포도와 잘 어우러져 맛있는 샐러드를 만들 수 있을 거예요. 모든 재료의 맛을 잘 느낄 수 있도록 레드와인 식초로 만드는 아주 기본적인 드레싱을 곁들였습니다.

INGREDIENTS (1인분)

루콜라 70g, 하몽 50g, 부라타 치즈 1개,
청포도·그린 올리브 약간씩

레드와인 식초 드레싱 |
레드와인 식초 2큰술, 알룰로스 1큰술,
엑스트라 버진 올리브오일 3큰술, 소금·후춧가루 약간씩

how to

1 부라타 치즈는 물기를 제거하고, 청포도는 깨끗이 씻어 줄기를 제거한다. 그린올리브는 씨 없는 것으로 준비해 너무 큰 것은 반으로 자른다.

2 루콜라는 물에 씻어서 물기를 빼고 하몽은 한 장 한 장 떼어 둔다.

3 분량의 드레싱 재료는 모두 볼에 담고 골고루 섞어둔다.

4 접시에 루콜라를 듬뿍 깔고 그 위에 부라타 치즈를 올린 뒤 나머지 재료를 모두 담고 드레싱을 뿌려 낸다.

Rucola Jambon Salad

○ 루콜라 잠봉 샐러드 ○

잠봉은 프랑스어로, 돼지 다리 살로 만든 얇게 저민 햄인데요. 프랑스의 국민 샌드위치인 잠봉뵈르 샌드위치가 유행하며 잠봉햄도 인기가 많아요. 샌드위치 속으로 좋은 잠봉햄과 루콜라의 조합은 샐러드 한 끼로 충분히 맛있답니다.

LC(저탄수화물)

WF(NO 밀가루)

GF(NO 글루텐)

ingredients

(1인분)
루콜라 50g, 잠봉햄 3-4장, 체리 5개, 블루베리 30g, 피스타치오 1큰술, 마스카포네치즈 3-4큰술

이탈리안 드레싱 |
화이트와인식초 2큰술, 다진양파 2큰술, 알룰로스 1큰술, 레몬즙 1큰술, 홀그레인머스터드 1작은술, 엑스트라버진 올리브오일 3큰술, 소금 1/4작은술, 파슬리가루 약간

how to

1. 루콜라는 깨끗이 씻어서 물기를 뺀다.
2. 체리, 블루베리도 씻어서 준비한다.
3. 잠봉햄은 먹기 좋은 크기로 찢어둔다.
4. 분량의 드레싱 재료는 모두 섞어둔다.
5. 그릇에 루콜라를 깔고 그 위에 준비한 재료를 모두 올린 뒤 드레싱을 곁들여 낸다.

Melon Prosciutto Salad

○ 멜론 프로슈토 샐러드 ○

LC(저탄수화물)

WF(NO 밀가루)

GF(NO 글루텐)

'Prosciutto e Melone(프로슈토 에 멜로네)' 라고 불리는 이탈리아의 샐러드입니다. 이탈리아나 스페인 등의 유럽 쪽에는 워낙에 생햄 종류가 많다 보니 다양한 요리법이 있는데 거창하지 않고, 신선한 과일과 같이 먹거나 빵에 곁들여 먹는 경우가 많아요. 이 멜론 프로슈토 샐러드도 잘 익은 멜론에 프로슈토 햄을 곁들이는 정도이지만 그 둘의 조화가 정말 좋은 요리입니다.

ingredients

(2인분)
멜론 1/2통, 프로슈토 60g, 바질잎 약간, 그라나파다노 치즈 적당량

레몬 드레싱 |
레몬즙 2큰술, 레몬 제스트·소금·후춧가루 약간씩, 엑스트라 버진 올리브오일 3큰술

how to

1. 멜론은 잘 익은 것으로 골라 반만 사용한다. 멜론 반을 4등분 한 뒤 속의 씨는 긁어내고 껍질 부분에 칼집을 내어 과육만 발라낸 뒤 먹기 좋은 크기로 썬다.
2. 프로슈토 햄은 먹기 좋게 반으로 자르거나 한 장씩 떼어 둔다.
3. 접시에 멜론과 프로슈토 햄을 골고루 담고 깨끗이 씻어둔 바질 잎을 곁들인다.
4. ③ 위에 그라나파다노 치즈를 곱게 갈아 올린다. 취향껏 넉넉히 올려도 좋다.
5. 분량의 드레싱 재료는 모두 볼에 담고 골고루 섞은 뒤 샐러드 위에 가볍게 뿌려 낸다.

Broccolini Bacon Salad

LC(저탄수화물)

WF(NO 밀가루)

GF(NO 글루텐)

○ 브로콜리니 베이컨 샐러드 ○

브로콜리니의 윗부분은 브로콜리와 같은 식감과 맛이고 줄기는 아스파라거스의 맛인 채소입니다. 브로콜리니를 적절하게 간해서 약간의 버터에 볶아 내면 그 자체만으로도 참 맛있어요. 여기에 구운 베이컨을 곁들여 고소함을 더하고 유자청을 넣은 마요네즈를 곁들여서 느끼하지 않고 상큼하게 먹을 수 있는 샐러드로 추천해드려요.

ingredients

(1인분)
브로콜리니 100g, 마늘 2쪽, 베이컨 2줄, 올리브오일 1큰술, 무염버터 10g

유자청 드레싱 |
마요네즈 3큰술, 유자청 1큰술(+1작은술), 레몬즙 2작은술, 소금 약간

how to

1 브로콜리니는 깨끗이 씻고 질긴 밑동은 살짝 잘라낸다. 너무 긴 것은 반으로 자른다. 마늘은 저민다.
2 달군 팬에 오일을 두르고 마늘을 올려 앞뒤로 노릇하게 구워낸다.
3 베이컨도 앞뒤로 노릇하게 구워 한입 크기로 썬다.
4 브로콜리니는 버터를 녹인 팬에 구워낸다.
5 분량의 드레싱 재료는 모두 볼에 담고 골고루 섞어둔다.
6 접시에 모든 샐러드 재료를 담고, 유자청 드레싱을 곁들여 낸다.

Bun Cha Salad

○ 분짜 샐러드 ○

- LC (저탄수화물)
- WF (NO 밀가루)
- GF (NO 글루텐)

베트남 요리 분짜를 샐러드처럼 만들어 보았어요.

원래 분짜의 '분'은 쌀국수면, '짜'는 숯불에 구운 돼지고기 완자를 뜻한답니다. 돼지고기를 완자로 만들기 번거로우니 맛있게 양념하고 구워 쉽게 만들 수 있는 레시피랍니다. 그리고 여기에 다양한 채소와 약간의 쌀국수를 더해 푸짐한 샐러드를 완성했어요.

피시소스를 넣어 짭짤하면서도 특유의 맛을 살린 소스에 준비한 재료를 찍어 먹으면 마치 베트남에 와있는 것 같은 착각에 빠질지도 몰라요. 푸짐하게 먹고 싶은 날, 손님 초대 요리로도 추천합니다.

INGREDIENTS (2인분)

쌀국수 50g, 돼지고기 100g(피시소스·한식재래간장 1작은술씩, 알룰로스·맛술 1큰술씩, 다진 마늘 1/2작은술, 후춧가루 약간), 양상추 100g, 오이·적양파 1/4개씩, 당근 1/3개, 래디시 2개, 고수 약간, 식용유 1큰술

*** 저탄수 레시피 |**
쌀국수 → 곤약면 또는 두부면 대체

분짜 소스 |
물 1/2컵, 피시소스 1큰술, 한식재래간장·라임즙 1작은술씩, 식초·레몬즙 1/2큰술씩, 알룰로스 2큰술, 청·홍고추 1/2개씩

1 돼지고기는 불고깃감으로 준비해 분량의 양념 재료와 함께 잘 버무려 잠시 재워둔다.

2 달군 팬에 식용유를 두르고 양념한 돼지고기를 넣어 볶는다. 이때 국물이 없이 바싹 볶아 익힌다.

3 양상추는 먹기 좋은 크기로 뜯어서 물로 씻은 뒤 물기를 뺀다.

4 양파는 채를 썰고, 래디시는 얇게 썬다. 오이와 당근은 스피럴라이저나 채칼로 썬다.

5 쌀국수는 찬물에 30분 정도 담갔다가 끓는 물에 넣고 30초 동안 삶은 뒤, 꺼내 찬물에 헹궈 물기를 빼고 접시에 담는다.

6 분량의 소스 재료는 모두 볼에 담고 골고루 섞는다. 이때 고추는 얇게 송송 썰어 넣는다.

7 준비한 재료를 모두 접시에 돌려 담고, 소스를 찍어 먹는다.

Sliced Pork Belly Salad

LC(저탄수화물)
WF(NO 밀가루)
GF(NO 글루텐)

◦ 대패삼겹살 샐러드 ◦

다이어트 중이라 가볍게 먹더라도 간혹 너무 허기지는 날에는 고기가 당기더라고요. 그럴 때 간식이나 밀가루 음식을 찾아 먹는 것보다 한 번쯤 든든하게 좋은 고기를 먹어주는 것이 다이어트에 훨씬 도움이 됩니다. 그래서 가끔은 대패삼겹살을 샐러드에 이용합니다. 얇게 썰어 양도 많아 보이고, 도톰한 삼겹살 구이보다는 기름지지 않아 샐러드 토핑으로 이용하기 좋기 때문이에요. 향긋한 부추와 깻잎이 자칫 느끼할 수 있는 삼겹살의 맛을 잡아줘서 부담스럽지 않은 샐러드로 즐길 수 있을 거예요.

ingredients

(1인분)
대패삼겹살 100g, 부추 70g, 깻잎 10장, 양파 1/4개, 소금·후춧가루 약간씩

고추기름 드레싱 |
한식재래간장 3큰술, 맛술 1큰술, 다진 마늘 1작은술, 식초 1½큰술, 알룰로스·고추기름 2큰술씩, 깨 약간

how to

1 대패삼겹살은 기름을 두르지 않은 팬에 올려 앞뒤로 노릇하게 굽는다. 이때 소금과 후춧가루를 뿌려 가볍게 간한다.

2 부추는 4cm 길이로 자르고 깻잎은 2cm 정도의 두께로 자른다. 양파는 얇게 채를 썬다.

3 분량의 드레싱 재료는 모두 볼에 넣고 골고루 섞는다.

4 새로운 볼에 준비한 샐러드용 채소를 모두 넣고, 드레싱 분량의 1/2를 넣어 가볍게 버무린 뒤 접시에 담는다. 그리고 구운 삼겹살을 곁들이고, 남은 드레싱을 함께 낸다.

Steamed Bean Sprouts Salad

LC(저탄수화물)
WF(NO 밀가루)
GF(NO 글루텐)

○ 대패숙주찜 샐러드 ○

대패삼겹살은 일반 삼겹살에 비해 기름지지 않아 샐러드에 사용하기 좋아요. 이 삼겹살을 굽지 않고 숙주, 버섯 등과 함께 찜기에 찌면, 기름기는 쏙 빠지고 고소한 맛만 남아서 아주 맛있는 샐러드를 만들 수 있답니다.

ingredients

(1인분)

숙주 250g, 대패삼겹살 200g, 팽이버섯 100g, 오이 1/4개, 청·홍고추 1개씩

고추기름 소스 |
한식재래간장 3큰술, 맛술 1큰술, 다진 마늘·참깨 1작은술씩, 식초·알룰로스 1½ 큰술씩, 고추기름·송송 썬 쪽파 2큰술씩, 후춧가루 약간

how to

1 숙주는 물에 깨끗하게 씻은 뒤 물기를 충분히 빼고 찜기 위에 올린다.

2 숙주 위에 대패삼겹살과 팽이버섯을 차곡차곡 올린 뒤 김 오른 냄비에 넣고 10분간 찐다.

3 오이는 곱게 채를 썰고, 고추는 씨를 제거하여 곱게 채를 썬다.

4 분량의 소스 재료는 모두 볼에 담고 골고루 섞어둔다. 이때 쪽파는 송송 썰어 넣는다.

5 찜기에 올린 삼겹살이 완전히 다 익으면 꺼내 한 김 식힌 뒤 볼에 담고, 손질해둔 오이와 고추를 넣는다.

6 분량의 고추기름 소스를 샐러드 위에 뿌리고 잘 버무려 완성한다.

Pork Cutlet Salad

◦ 돈가스 샐러드 ◦

돈가스는 누구나 좋아하는 음식 중에 하나일 거예요. 이 돈가스를 이용해 든든하게 먹을 수 있는 샐러드를 만들어 보았어요. 보통 돈가스는 돼지고기의 등심 부분을 사용하는 데 저는 안심을 이용해서 도톰하게 만들었어요. 기름기는 거의 없고 담백한 안심을 이용해 도톰하게 튀긴 돈가스는 잘랐을 때 돼지고기의 육즙이 가득해서 부드럽고 맛있게 먹을 수 있답니다. 여기에 일반 돈가스 소스 대신 유린기 소스와 비슷하게 만든 드레싱을 곁들여서 느끼하지 않고 상큼하게 즐길 수 있기 때문에, 손님 초대 요리로 내놓아도 좋아요.

튀김이 번거로울 수 있지만 깨끗한 기름으로 만들어 더 건강하고 맛있게 즐겨 보세요!

INGREDIENTS (2인분)

돈가스 |
돼지고기 안심 400g, 달걀 1개, 밀가루 1/2컵, 빵가루 1컵, 소금·후춧가루·갈릭 파우더 약간씩, 튀김용 기름 3컵

샐러드 재료 | 양상추 150g

레몬 간장 드레싱 |
한식재래간장 2큰술, 물 2½큰술, 식초·맛술 1큰술씩, 레몬즙 1/2큰술, 알룰로스 1½큰술, 레몬 2쪽, 청·홍고추 1/2개씩

how to

1 돼지고기 안심은 핏물을 닦아내고 겉의 근막은 칼로 제거한다. 3~4cm 정도의 두께로 도톰하게 썰고 고기에 칼을 쿡쿡 찔러 칼집을 낸 뒤, 소금, 후춧가루, 갈릭 파우더를 뿌려 밑간한다.

2 밑간한 돼지고기에 밀가루-달걀물-빵가루 순으로 튀김옷을 입힌다.

3 냄비에 튀김기름을 붓고 160℃ 정도로 기름을 데운다. 안심은 두껍기 때문에 너무 높은 온도에서 튀기면 속이 익지 않아 보통의 튀김 온도보다 조금 낮은 150~160℃ 사이에서 7~8분 정도 노릇해지도록 튀긴다.

4 양상추는 먹기 좋게 손으로 뜯어 물로 깨끗이 씻은 뒤 물기를 뺀다.

5 분량의 드레싱 재료는 모두 섞어둔다. 이때 고추는 잘게 다지듯 썰어 넣고 레몬도 얇게 썰어 넣는다.

6 접시에 양상추와 튀긴 돈가스를 썰어 담고 드레싱은 먹기 직전에 뿌린다.

Whole Bacon Salad

○ 통 베이컨 샐러드 ○

통 베이컨 샐러드는 얇은 베이컨이 아닌 스테이크용 도톰한 베이컨을 굽고, 로메인은 통으로 준비해서 칼로 썰어가며 베이컨과 같이 먹으면 훨씬 포만감 있게 즐길 수 있어요. 로메인은 잘라서 물로 씻은 뒤 물기를 탈탈 털어내 주어야 먹을 때 물기가 생기지 않아요.

ingredients

(1인분)
로메인 1포기, 통 베이컨 1쪽, 그라나파다노 치즈 적당량

크루통
식빵 1쪽, 올리브오일 1큰술, 소금 약간

파르메산 치즈 드레싱
마요네즈 3큰술, 파르메산 치즈 가루·알룰로스 1큰술씩, 레몬즙·홀그레인머스터드 2작은술씩, 소금·후춧가루 약간씩

* GF 레시피
식빵 → 글루텐 프리 식빵 대체

how to

1. 로메인은 길게 4등분 한 뒤 찬물에 흔들어 씻고 물기를 충분히 털어낸다.
2. 식빵은 겉면의 갈색 부분은 잘라내고 깍둑 모양으로 썰어 소금, 후춧가루, 올리브오일을 골고루 뿌린 다음 달군 팬에 올려 타지 않게 중약불에서 잘 저어가며 볶듯이 굽는다. 겉면이 노릇해지면 꺼내 식힌다.
3. 달군 팬에 통 베이컨을 올려 노릇하게 굽는다.
4. 분량의 드레싱 재료는 모두 볼에 담고 골고루 섞어둔다.
5. 접시에 구운 베이컨과 로메인, 크루통을 올린 다음 소스를 함께 곁들이고, 그라나파다노 치즈를 듬뿍 뿌린다.

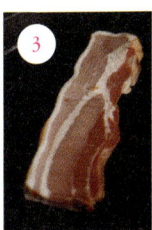

Shabu-Shabu Salad

LC(저탄수화물)

WF(NO 밀가루)

GF(NO 글루텐)

○ 샤브샤브 샐러드 ○

기름진 고기 대신 담백한 고기가 좋을 때가 있어요. 소고기를 얇게 썰어 뜨거운 물에 가볍게 데치고 향긋한 쑥갓과 양파 등을 곁들여 샐러드를 만들어 보세요. 부드러운 소고기와 채소의 조합이 잘 어울린답니다. 여기에 고추기름으로 맛을 낸 드레싱을 곁들여 내면 느끼한 맛은 전혀 없고 입안이 개운한 샐러드를 즐길 수 있을 거예요.

ingredients

(2인분)
샤브샤브용 소고기 100g, 쑥갓 70g, 방울토마토 10개, 양파 1/3개, 래디시 3개, 청주 1/4컵

고추기름 드레싱
한식재래간장 2큰술, 맛술 1큰술, 매실청 1½큰술, 식초 2작은술, 고추기름 3큰술, 후춧가루 약간

how to

1. 소고기는 샤브샤브용으로 얇은 것을 준비한다. 끓는 물에 청주를 붓고 소고기를 한 장씩 넣어 익으면 바로 건져 식힌다.

2. 쑥갓은 질긴 줄기는 잘라내고 먹기 좋게 손질해 씻고, 양파는 동그란 모양을 살려 얇게 썰어 찬물에 담궈둔다. 방울토마토는 반으로 자르고 래디시는 채를 썬다.

3. 분량의 고추기름 드레싱 재료는 볼에 모두 담고 잘 섞어둔다.

4. 접시에 쑥갓을 깔고 그 위에 익힌 소고기와 양파, 래디시를 올린 뒤 고추기름 드레싱을 뿌려 완성한다.

Bulgogi Salad

○ 불고기 샐러드 ○

- LC (저탄수화물)
- WF (NO 밀가루)
- GF (NO 글루텐)

불고기는 남녀노소 누구나 좋아하는 한식 메뉴에요. 평소에는 불고기를 반찬으로 먹지만 다이어트가 필요할 때, 조금 더 가볍게 즐기고 싶을 때는 반찬 대신 샐러드로 즐겨보세요.

불고기의 단맛은 조금 줄이고 국물 없이 바싹 구운 뒤에 샐러드 채소를 곁들이면 됩니다. 불고기와 다양한 채소가 만나 부담스럽지 않고 건강하게 즐길 수 있는 샐러드 요리로 완성됩니다.

Ingredients (2인분)

소고기(불고깃감) 100g, 로메인 70g, 부추 25g, 양파 1/4개, 표고버섯 2개, 마늘 3쪽, 식용유 약간

소고기 양념 |
한식재래간장·맛술·알룰로스 1큰술씩, 다진 마늘 1/2작은술, 후춧가루 약간

호두 흑임자 드레싱 |
비건 두부마요네즈 4큰술(p.036 참조), 화이트와인 식초·알룰로스 1큰술씩, 다진 호두 1큰술, 흑임자 가루 1작은술, 소금·후춧가루 약간씩

how to

1   소고기는 불고깃감으로 준비해서 키친타월로 핏물을 닦아낸다.

2   마늘은 저미서 기름을 넉넉히 두른 팬에 넣고 튀기듯 구워낸다. 앞뒤로 노릇하게 구워지면 건져서 기름기는 닦아둔다.

3   표고버섯은 먹기 좋게 자르고 부추는 4㎝ 길이로 썬다. 양파도 얇게 채를 썰어 찬물에 담가둔다.

4   로메인은 먹기 좋은 크기로 잘라 씻은 뒤 물기를 뺀다.

5   분량의 소고기 양념과 드레싱 재료는 각각 볼에 담고 골고루 섞어둔다.

6   달군 팬에 기름을 약간 두르고 표고버섯을 넣어 볶는다. 이때 소고기 양념을 1/3 정도 넣어 볶아 낸다.

7   버섯을 볶은 팬에 기름을 두르고 소고기를 넣어 굽는다. 이때 남은 분량의 소고기 양념을 다 넣고 국물이 거의 없어질 도록 바싹 구워낸다.(양념이 타지 않도록 중불에서 볶는다.)

8   접시에 로메인과 부추를 섞어 담고 그 위에 볶은 불고기와 버섯, 양파, 구운 마늘을 올린 뒤 드레싱을 곁들여 낸다.

Meat Pancake Salad

○ 육전 샐러드 ○

WF(NO 밀가루)

GF(NO 글루텐)

육전은 기름기 없이 담백한 부위의 소고기를 얇게 썰고 찹쌀가루 옷을 입혀 지지는 요리입니다. 보통은 명절 때 많이 해 먹지만 가끔 별미로 해 먹기 좋은 요리이지요. 다만 고기로 전을 부치다 보니 느끼할 때가 많아요. 그래서 전 육전을 만들 때는 샐러드 스타일로 만들어요. 고기는 질기지 않게 최대한 얇게 썰어 전을 부치고 부추와 양파 등의 채소를 마늘과 겨자를 넣어 만든 드레싱에 버무리면 톡 쏘는 겨자와 마늘의 맛이 육전의 느끼함을 한 번에 잡아준답니다. 육전 위에 샐러드를 올려 돌돌 말아 먹으면 더 맛있게 즐길 수 있어요.

INGREDIENTS (2인분)

소고기(홍두깨살 등 육전용) 150g, 부추 40g, 양파 1/4개, 적양배추 50g, 찹쌀가루 1/2컵, 달걀 2개, 소금·후춧가루 약간씩, 식용유 적당량

겨자 드레싱 |
식초 2$\frac{1}{2}$큰술, 맛술 1큰술, 다진 마늘·참깨 1작은술씩, 연겨자 1/2큰술, 소금 1/4작은술, 참기름 1$\frac{1}{2}$큰술, 후춧가루 약간

how to

1   소고기는 육전용으로 얇게 썰어진 것을 구입해 키친타월로 핏물을 닦아낸다. 소금, 후춧가루를 살짝 뿌려 밑간한다.

2   밑간한 소고기에 찹쌀가루를 앞뒤로 골고루 묻힌 뒤 달걀 물에 담가 옷을 입힌다.

3   달군 팬에 식용유를 넉넉히 두르고 소고기를 올려 앞뒤로 노릇하게 구워낸다.

4   부추는 다듬어서 씻은 뒤 4㎝ 길이로 썰고 양파와 적양배추도 비슷한 길이로 얇게 채를 썬다.

5   분량의 드레싱 재료는 모두 볼에 담고 골고루 섞어둔다.

6   새로운 볼에 준비한 채소를 담고 드레싱을 뿌려 잘 버무린다.

7   접시에 육전을 둘러 담고, 드레싱에 버무린 채소를 곁들여 낸다.

Steak Salad

○ 스테이크 샐러드 ○

(LC (저탄수화물))

(WF (NO 밀가루))

(GF (NO 글루텐))

집에서 스테이크를 굽는 것이 어렵다고 생각할 수도 있겠지만 생각보다 어렵지 않아요. 비법을 알려 드릴게요. 일단 고기는 실온에 한두 시간 정도 미리 꺼내어 충분히 찬기를 빼주어야 합니다. 고기를 냉장고에서 꺼내 바로 구우면 맛있게 구워지지 않아요. 그리고 팬은 충분히 달궈야 해요. 충분히 달군 팬에 강한 불로 익히면 고기의 겉면이 탈것 같지만 레시피에 나온 시간만큼 구우면 절대 타지 않아요. 그리고 버터! 좋은 버터를 넣고 마지막에 스테이크 윗부분에 끼얹어 가며 구워주시면 버터의 맛이 고기에 배어들어 맛있게 먹을 수 있답니다.

그리고 보통은 고기에 홀그레인머스터드나 스테이크 소스를 곁들여 먹지만 바질 페스토를 함께 먹어보세요! 바질의 향이 고기와 정말 잘 어울린다는 것을 알게 될 거예요.

INGREDIENTS (2인분)

쇠고기 등심 300g, 어린 시금치와 로메인 100g, 양파 1/4개, 소금·후춧가루 약간씩, 로즈메리 1줄기, 올리브오일 2큰술, 무염버터 20g

소스 |
바질 페스토 4큰술(p.032 참조)

how to

1 쇠고기 등심은 스테이크용으로 구입해서 키친타월로 핏물을 닦아낸다. 소금, 후춧가루를 넉넉히 뿌린 뒤 올리브오일을 골고루 발라 잠시 둔다.

2 분량의 샐러드 채소는 먹기 좋은 크기로 잘라 물에 씻은 뒤 물기를 빼고, 양파는 얇게 채를 썰어 찬물에 담갔다 뺀다.

3 팬을 충분히 뜨겁게 달군 다음 밑간한 소고기를 올려 굽는다. 이때 센 불로 굽는다. 한쪽 면을 1분 구운 뒤 다시 뒤집어서 1분 굽는다.

4 ③의 고기를 다시 뒤집어서 버터를 올리고 녹여 30초 굽고 다시 뒤집어 30초 굽는다.

5 다 구워진 고기를 꺼내서 접시에 담고 쿠킹포일을 덮어 5분 정도 둔다.

6 완성된 스테이크는 먹기 좋은 크기로 썬다.

7 접시에 구운 스테이크와 손질해둔 채소를 담고, 바질 페스토를 곁들인다.

Duck Steak Salad

◦ 오리 스테이크 샐러드 ◦

LC (저탄수화물)

WF (NO 밀가루)

GF (NO 글루텐)

훈제오리의 인위적인 맛보다는 오리 본연의 맛이 좋은 오리 가슴살을 이용해 보세요. 오리 가슴살은 인터넷으로 쉽게 구할 수 있어서 미리 넉넉히 구매해두고 냉동시켰다가 필요할 때 꺼내 사용합니다. 미리 밑간해서 두었다가 팬에 굽기만 해도 담백한 맛이 좋아서 스테이크로 먹기도 해요. 스테이크처럼 구워서 채소를 많이 곁들여 샐러드로 먹는 방법을 소개해 드릴게요. 오리 요리는 오렌지와 잘 어울리기 때문에 오렌지 드레싱을 곁들이면 어느 레스토랑에서 먹는 것보다 더 맛있게 드실 수 있답니다. 오리 가슴살을 구하기 힘들다면 훈제오리를 사용하셔도 괜찮아요. 훈제오리를 따뜻하게 구워 만들면 됩니다.

INGREDIENTS (1인분)

오리 가슴살 1쪽(소금·후춧가루 약간씩, 로즈메리 1줄기, 올리브오일 2큰술, 무염버터 1쪽, 어린잎 채소 70g, 래디시·오렌지 1개씩, 올리브오일 1큰술

오렌지 드레싱
오렌지주스 4큰술, 오렌지 제스트·다진 양파 1큰술씩, 레몬즙·홀그레인머스터드 1큰술씩, 소금 1/4작은술, 엑스트라 버진 올리브오일 2큰술

how to

1. 오리 가슴살은 깨끗이 씻어서 물기를 닦고 소금, 후춧가루를 뿌린 뒤 올리브오일을 골고루 발라 잠시 둔다.

2. 샐러드용 채소는 물에 깨끗이 씻어서 물기를 뺀다. 래디시는 동그란 모양을 살려 얇게 썬다.

3. 오렌지는 껍질을 벗기고 속 껍질 사이 사이에 칼집을 넣어 과육만 발라낸다.

4. 남은 속껍질 부분은 면 보자기에 넣고 꼭 짜서 오렌지즙을 따로 담아낸다. 이 오렌지주스 4큰술과 나머지 드레싱 재료를 함께 골고루 섞어 드레싱을 만든다.

5

달군 팬에 올리브오일을 두른 뒤 미리 마리네이드 한 오리 가슴살을 올려 굽는다. 처음에는 센 불에서 앞뒤로 노릇하게 굽는다.

6

오리가 반쯤 익었을 때 불을 약하게 줄이고 버터 1조각을 넣고 녹여 버터를 오리에 끼얹어 가며 굽는다. 오리가 속까지 충분히 익도록 구운 뒤 꺼내 잠시 두었다가 먹기 좋게 썰어 접시에 담는다.

7

구운 오리에 준비한 샐러드 채소와 오렌지를 담고 드레싱을 곁들여 낸다.

SALAD SPECIAL

샐러드와 잘 어울리는 수프&샌드위치

감자 수프 & 사과 샌드위치

감자수프

재료 | 감자 4개 (400g), 양파 1/2개, 물 1½컵, 무염버터 1큰술, 생크림 1컵, 우유 1/2컵, 소금·후춧가루·크루통 약간씩

how to

1 감자는 껍질을 벗기고 얄팍하게 썬다. 양파도 얇게 채를 썬다.
2 냄비에 버터를 녹이고 양파를 넣어 약한 불에서 타지 않게 충분히 볶는다.
3 양파가 갈색이 돌도록 충분히 볶은 뒤 감자를 넣어 함께 볶는다.
4 양파와 감자를 볶다가 물을 넣고 감자가 완전히 익도록 끓인다.
5 감자가 완전히 익으면 핸드믹서로 곱게 갈고 다시 약한 불 위에 올려 끓인다.
6 ⑤에 분량의 생크림과 우유를 넣고 잘 저어가며 약한 불에서 5분 정도 충분히 끓인다.
7 ⑥에 소금과 후춧가루를 넣어 간한 뒤 그릇에 담고 크루통을 올려낸다.

사과 샌드위치

재료 | 식빵 2장, 사과 1/4개, 양상추 2장, 사과잼·비건 두부 마요네즈 1큰술씩, 달걀 1개, 슬라이스 햄·치즈 1장씩

how to

1. 식빵은 토스트기에 넣어 노릇하게 구워낸다.
2. 양상추는 씻어서 물기를 완전히 빼고 사과는 씨를 빼고 껍질째 얇게 저미듯 썬다.
3. 달걀은 프라이를 해서 준비하고 슬라이스 햄과 슬라이스 치즈도 준비한다.
4. 구운 식빵의 한쪽 면에 사과잼을 바르고 다른 한 장의 한쪽 면에는 마요네즈를 바른다.
5. 사과잼 위에 양상추 - 햄 - 치즈 - 사과 - 달걀 - 양상추 순으로 올리고 그 위에 마요네즈 바른 빵을 덮어 완성한다.

양송이 수프 & 바질 페스토 바게트 샌드위치

양송이 수프

재료 | 양송이버섯 10개, 양파 1/4개, 무염버터 2큰술, 밀가루 1큰술, 물·생크림 1컵씩, 우유 1/2컵, 소금·후춧가루 약간씩

how to

1. 양송이버섯은 얇게 썰고 양파도 채를 썰어 준비한다.
2. 달군 팬에 버터 1큰술을 녹인 뒤 양파를 넣어 볶는다. 이때 양파가 타지 않게 약한 불에서 갈색이 될 때까지 충분히 볶는다. 양파가 갈색이 되면 양송이버섯도 넣고 부드러워질 때까지 볶는다.
3. 버섯이 부드럽게 볶아지면 볶은 버섯과 양파를 따로 접시에 담아둔다.
4. 새로운 냄비를 약한 불에 올리고 버터 1큰술을 넣어 녹인 뒤 밀가루 1큰술을 넣어 볶는다. 밀가루나 버터가 타지 않게 약한 불에서 저어가며 볶는다. 밀가루와 버터가 뭉쳤다가 시간이 지나 연한 미색에 거품을 내며 끓는 상태가 될 때까지 볶는다.
5. 여기에 아까 볶았던 양파와 버섯을 넣어 다시 가볍게 볶은 뒤 물을 넣고 바닥에 눌어붙지 않게 잘 저어 끓인다.
6. ⑤의 물이 끓으면 믹서기로 곱게 갈아 다시 약한 불에 올린 뒤 분량의 생크림과 우유를 넣어 잘 저어가며 끓인다. 5분 정도 충분히 끓인 뒤 소금과 후춧가루로 간을 해 완성한다.

바게트 샌드위치 바질 페스토

재료 | 바게트 1/3개, 바질 페스토 3큰술(p.032 참조), 루콜라 20~30g, 슬라이스 햄 3장, 당근 라페(p.030 참조) 40~50g

1   바게트는 중간에 칼집을 넣어 반으로 자른다.

2   자른 바게트 단면에 바질 페스토를 듬뿍 바른다.

3   바게트 안에 루콜라, 슬라이스 햄, 당근 라페를 듬뿍 넣어 샌드위치를 완성한다.

가스파쵸 & 에그마요 크루아상 샌드위치

가스파쵸 (차가운 토마토 수프)

재료 | 토마토 3개, 파프리카·오이 1/3개씩, 양파 1/4개, 화이트와인 식초 1½큰술, 엑스트라 버진 올리브오일 3큰술, 소금 1/4작은술, 후춧가루 약간

how to

1. 토마토는 윗부분에 칼집을 내고 끓는 물에 잠시 넣었다가 껍질이 벗겨지기 시작하면 찬물에 옮겨 껍질을 완전히 벗겨낸다.
2. 파프리카는 꼭지를 떼고 씨를 제거한 뒤 적당히 자른다. 양파와 오이도 적당히 잘라 준비한다.
3. 믹서기에 껍질 벗긴 토마토와 오이, 양파, 파프리카를 넣고 곱게 간다.
4. ③에 화이트와인 식초, 올리브오일, 소금, 후춧가루를 넣고 다시 믹서기로 갈아 완성한다.

에그마요크루아상 샌드위치

재료 | 크루아상 1개, 달걀 2개, 루콜라 약간, 슬라이스 햄 3장, 마요네즈 1큰술
에그마요소스 | 비건 두부마요네즈 2큰술, 홀그레인머스터드 1작은술, 소금·후춧가루 약간씩

how to

1   달걀은 완숙으로 삶아 껍질을 벗기고 곱게 으깨듯 자른다.

2   으깬 달걀에 분량의 마요네즈, 홀그레인머스터드, 소금, 후춧가루를 넣고 잘 섞어 둔다.

3   크루아상은 반으로 잘라 한쪽 면에 마요네즈를 바른다.

4   빵 사이에 루콜라, 슬라이스 햄, ②의 에그마요를 듬뿍 넣어 샌드위치를 완성한다.

맛 보장 저당 샐러드 드레싱 INDEX

책에는 맛있는 샐러드 레시피와 함께 잘 어울리는 맛 보장 저당 드레싱 레시피를 소개했어요. 저당 음식 전문가인 「키친콤마」의 맛 보장 드레싱 레시피로 집에서도 샐러드 전문점처럼 즐겨보세요.

간장 매실청 드레싱 매콤한 닭고기 샐러드	p.269	레몬 드레싱 망고 베리 샐러드	p.061
검은깨 두유 드레싱 미니 양배추 샐러드	p.067	레몬 드레싱 멜론 프로슈토 샐러드	p.287
겨자 드레싱 육전 샐러드	p.311	레몬 마늘 드레싱 고구마 라페 샐러드	p.167
겨자 오리엔탈 드레싱 곤약면 골뱅이 샐러드	p.245	레몬 케이퍼 드레싱 렌틸콩 훈제 연어 샐러드	p.217
고수 드레싱 퀴노아 무화과 샐러드	p.109	레몬 허브 드레싱 문어 감자 샐러드	p.235
고추 드레싱 배추찜 샐러드	p.095	레몬 허브 드레싱 버터구이 생선 샐러드	p.199
고추기름 드레싱 대패삼겹살 샐러드	p.295	리코타 치즈 스프레드 단호박 리코타 샐러드	p.169
고추기름 드레싱 샤브샤브 샐러드	p.305	마늘 참깨 드레싱 순두부 샐러드	p.111
데리야키 소스 데리야키 연어 샐러드	p.219	망고 드레싱 새우 살사 샐러드	p.183
두부 마요네즈 알감자 호두 샐러드	p.064	매실청 드레싱 줄기콩 귀리 닭가슴살 샐러드	p.261
두유 마요네즈 드레싱 월도프 샐러드	p.076	메이플 드레싱 사과 시금치 샐러드	p.161
두유 마요네즈 드레싱 코울슬로 샐러드	p.091	메이플 발사믹 드레싱 딸기 리코타 치즈 샐러드	p.119
들기름 간장 드레싱 메밀국수 샐러드	p.097	무침 소스 꼬막무침 샐러드	p.243
디종머스터드 레몬 드레싱 구운 고등어 샐러드	p.205	무화과 드레싱 무화과 샐러드	p.159
땅콩 드레싱 구운 콜리 샐러드	p.077	미소 된장 드레싱 연근 튀김 샐러드	p.087
땅콩버터 드레싱 구운 바나나 샐러드	p.123	바질 드레싱 올리브 그린 샐러드	p.053
라임 드레싱 청포도 부라타 샐러드	p.153	바질 발사믹 드레싱 구운 토마토 샐러드	p.143
라임 드레싱 치킨 데리야키 샐러드	p.257	바질 페스토 바질 페스토 파스타 샐러드	p.099
랜치 드레싱 구운 치즈와 퀴노아 샐러드	p.125	바질 페스토 소스 썬 드라이 토마토 샐러드	p.163
레드와인 식초 드레싱 딸기 마리네이드	p.051	바질 페스토 스테이크 샐러드	p.315
레드와인 식초 드레싱 루콜라 하몽 샐러드	p.281	발사믹 드레싱 렌틸콩 버섯 샐러드	p.105
레몬 간장 드레싱 돈가스 샐러드	p.299	복숭아 드레싱 복숭아 카프레제	p.151

분짜 소스 분짜 샐러드	p.291	유자청 드레싱 브로콜리니 베이컨 샐러드	p.289
블루베리 요거트 드레싱 블루베리 요거트 그래놀라 샐러드	p.131	자몽 드레싱 자몽 샐러드	p.055
		자몽 드레싱 쿠스쿠스 샐러드	p.101
사워크림 마요네즈 달걀 아보카도 아마씨 샐러드	p.145	참깨 마요 드레싱 구운 뿌리채소 샐러드	p.085
사워크림 머스터드 드레싱 감자 달걀 샐러드	p.149	청양고추 드레싱 주꾸미 샐러드	p.237
생크림 드레싱 초당 옥수수 치즈 샐러드	p.155	케이퍼 레몬 드레싱 참치 올리브 샐러드	p.239
석류 드레싱 석류 샐러드	p.059	키위 드레싱 키위 샐러드	p.049
스리라차 마요 드레싱 연어 포케 샐러드	p.223	타르타르소스 피시 앤 칩스 샐러드	p.201
스윗 칠리 드레싱 소시지 수란 샐러드	p.273	토마토 살사 타코 샐러드	p.265
스윗 칠리 드레싱 칠리 새우 샐러드	p.187	토마토소스 드레싱 렌틸콩 파스타 샐러드	p.173
씨겨자 마요 드레싱 콥 샐러드	p.253	파르메산 치즈 드레싱 통 베이컨 샐러드	p.303
아몬드 요거트 드레싱 닭가슴살 크랜베리 샐러드	p.249	파인애플 드레싱 새우 파인애플 샐러드	p.179
안초비 드레싱 안초비 파스타 샐러드	p.227	파프리카 드레싱 구운 가지 샐러드	p.081
얌운센 소스 얌운센 샐러드	p.231	피시소스 라임 드레싱 치킨 데리야키 샐러드	p.257
오렌지 드레싱 관자 샐러드	p.191	호두 드레싱 구운 엔다이브 샐러드	p.071
오렌지 드레싱 오렌지 올리브 샐러드	p.057	호두 흑임자 드레싱 불고기 샐러드	p.307
오렌지 드레싱 오리 스테이크 샐러드	p.319	홀그레인머스터드 드레싱 병아리콩 콘 샐러드	p.089
오리엔탈 드레싱 면두부 샐러드	p.113	홀그레인머스터드 마요네즈 소시지구이와 매쉬드 콜리 샐러드	p.277
오리엔탈 드레싱 해물 냉우동 샐러드	p.213		
와사비 간장 드레싱 주키니면 해물 샐러드	p.209	홀란다이즈 소스 아스파라거스 수란 샐러드	p.139
와사비 마요 소스 버터구이 오징어 샐러드	p.195		
요거트 마요네즈 드레싱 아보카도 샐러드	p.137		

하루 한 끼 저탄수화물
샐러드 식사

1판 1쇄 인쇄 2022년 9월 15일
1판 1쇄 발행 2022년 9월 20일

저은이	김지현
펴낸이	홍성근
기획 이사	전희경
디자인	디박스
교정	김하영

펴낸곳	유니온북
출판등록	제2021-000225호
주소	10364 경기도 고양시 일산동구 무궁화로 43-33, 405호
전자우편	heeheeda@naver.com
인스타그램	unionbook_
ISBN	979-11-978841-2-2 13590

책 값은 뒤표지에 있습니다.
잘못 만들어진 책은 구매하신 서점에서 바꿔드립니다.

「유니온북」은 (주)온에듀의 실용서 단행본 브랜드입니다.